本书系 2019 年重庆市教育委员会人文社会科学研究项目"基于社会需求为导向的大学生创新创业能力胜任模型研究"（项目编号：19SKSZ062）和重庆第二师范学院校级项目"劳动教育融入大学生就业创业指导课程体系建设研究"（项目批准号：LDJY2021010）相关系列的研究成果。

教育视界：大学生职业规划与发展研究

朱家明　著

重庆出版集团 重庆出版社

图书在版编目（CIP）数据

教育视界 : 大学生职业规划与发展研究 / 朱家明著
. -- 重庆 : 重庆出版社 , 2022.12
ISBN 978-7-229-17320-3

Ⅰ . ①教…　Ⅱ . ①朱…　Ⅲ . ①大学生 – 职业选择 – 研
究　Ⅳ . ① G647.38

中国版本图书馆 CIP 数据核字 (2022) 第 248987 号

教育视界：大学生职业规划与发展研究
JIAOYU SHIJIE : DAXUESHENG ZHIYE GUIHUA YU FAZHAN YANJIU

朱家明　著

责任编辑：袁婷婷
责任校对：何建云
装帧设计：优盛文化

重庆出版集团　出版
重庆出版社
重庆市南岸区南滨路 162 号 1 幢　邮编：400061　http://www.cqph.com
三河市华晨印务有限公司
重庆出版集团图书发行有限公司发行
E-MAIL: fxchu@cqph.com　邮购电话：023-61520646
全国新华书店经销

开本：710mm×1000mm　1/16　印张：14.5　字数：240 千
2023 年 7 月第 1 版　2023 年 7 月第 1 次印刷
ISBN 978-7-229-17320-3
定价：88.00 元

如有印装质量问题，请向本集团图书发行有限公司调换：023-61520417

前言 | Preface

　　大学生职业规划是指大学生在校期间对未来职业生涯进行的系统性设计和前瞻性安排。大学生职业规划有如下价值意义：一是为未来发展明确奋斗目标；二是为现实塑造建立基本遵循；三是为教育引导提供客观评价。近年来，随着市场经济的深入、教育体制和就业机制的变革，大学生的就业问题日益凸现，大学生的职业价值观也发生了新的转型，形成新的特点和趋势。正确认识大学生职业价值观的特点，教育引导大学生形成适应社会主义市场经济发展的职业价值观，更好地开展职业规划是高校管理工作的一个重要任务，也是大学生职业指导工作面临的新课题。因此有必要对大学生职业规划与发展问题进行深入研究和探讨。

　　大学生职业规划就是要对个人职业目标的选择以及如何实施对职业目标的规划直至实现职业的过程进行管理。个人职业规划是一个动态的过程。在这一过程当中，个人职业生涯发展阶段的职业目标不尽相同。每个人都需要根据自己的优势、能力、需求、动机、价值观等因素逐渐地形成职业自我，即职业发展目标。当前，全球化遭遇逆流，世界经济增长持续放缓，国际经济格局深度调整，中国也面临着复杂的外部环境与挑战。这就要求社会成员具有创新意识，逐步淘汰传统的落后工艺和落后产能，提高科技含量，增强自主科技创新能力。因此，职业岗位的要求和对人才的需求已经由传统型向创新型转化，具备创新意识和创新能力的高科技人才将更受青睐，因此，大学生更应结合自身的学科特点与专业特长，制定出适合自己的发展计划和职业目标，并在实践中不断地调整，才能走上一条可持续发展的道路。

目录 | Contents

第一章 职业概述

第一节 职业的概念及分类

一、职业

（一）职业的含义

在现实生活中，人们总是要在一定的工作岗位上实现就业，但人们对"职业"一词却有着不同的理解。什么是职业？不同的学者从不同的领域、不同的角度出发，对职业有着不同的定义。

日本社会学家尾高邦雄认为，职业是某种社会分工或社会角色的实现，包括工作本身、工作的场所和职位；美国著名学者泰勒将职业的概念解释为一套成为模式的、与特殊工作经验有关的人群关系，这种成为模式的与工作关系的结合，促进了职业结构的发展和职业意识形态的显现；美国著名哲学家、教育家杜威将职业的定义简明概括为是可以从中得到利益的一种活动；美国社会学家塞尔兹则是从经济学角度界定职业的概念，在他看来，职业是一个人为了不断取得个人收入而不断从事的，具有市场价值的一种特殊活动。[①]

上述每一种说法都有其合理性，也有局限性。但由此可以看出，职业

---

① 刘益民. 职业生涯：理论与实践探索 [M]. 北京：北京航空航天大学出版社，2020.

至少包含四层含义：

第一，并不是任何工作都可以成为职业，一项工作只有变得足够重要、足够丰富以至能吸引劳动者长期稳定地投入其中才能成为职业；第二，劳动者通过从事职业活动，不仅能取得一定的收入来满足物质生活需求，也能满足自己的精神需求；第三，劳动者在职业活动中可以展现自己的才能，并使个人特长得到发挥；第四，职业是社会分工的产物，是劳动者获得的社会角色，劳动者借此参与社会劳动，尽到自己在社会分工中应尽的职责。

综上所述，职业的合理界定包括从事职业的主体、职业的对象或个体及其社会功能、职业活动所经历的时限、职业的性质等要素。因此，本书将职业定义为：职业是指具备劳动能力的个人，利用自身的知识和技能，从事社会生产活动或服务，为社会创造物质财富与精神财富，并由此获得相应的报酬，以满足自身对物质和精神需求的一种持续性活动。

（二）职业的特点

1.社会性

职业的社会性即劳动者承担生产任务，履行公民义务。职业并非人类一出现就存在，而是社会分工的结果。每一种职业的产生都体现了社会分工的细化，体现了社会生产力的提高和社会的不断进步。因此，职业是劳动者获取的一种社会分工角色，是个人与社会结合的体现。社会成员通过从事职业活动为社会作出自己的贡献，社会也以全体成员的劳动作为积累而得以持续发展和进步。

2.经济性

职业的经济性即劳动者从中取得收入。劳动者利用专业的知识和技能从事职业活动以获取一定的收入作为物质生活的来源，这就是职业的经济性。获取收入既是劳动者从事职业活动的基本动机，也是其从事职业活动的结果。可以说，直到现在，职业仍然是人们谋生的手段，是维持个人生存和家庭稳定的基础。

3.稳定性

职业的稳定性即劳动者从事的职业活动相对稳定，而非中断的。社会一直处在不断发展变化之中，随着生产力的发展和社会分工的不断变化，新的职业不断出现。但是，某种职业一旦形成，便会在较长的一段时期内存在和发展，且职业的生命周期具有相对的稳定性，这是因为决定职业存在的社会条件的变化是较为缓慢的。职业的稳定性使人们学习、掌握专业知识和技能成为可能，也使人们对职业生涯的规划和发展成为可能。

4.多样性

职业的多样性即不同职业之间有很大差异。职业不仅种类繁多，而且不同种类职业的劳动内容、生产工具、知识与技能要求等都存在着很大差异。俗话说"隔行如隔山"，职业间的差异会给人们的职业转换带来一定的障碍和困难，但同时也使社会分工更加细化，有利于提高工作效率。

5.层次性

职业的层次性即不同职业之间、同种职业之间存在高低层次的区别。职业不仅种类多样，各类职业之间和各个职业内部还存在不同的层次。职业虽无高低贵贱之分，但由于职业对从事者的素质要求不同、社会对职业的评价不同，职业也就有了层次之分。职业的层次性的根源在于不同职业对于劳动者在体力与脑力付出、工作复杂程度、工作素质要求、工作自主性和收入水平等方面有着不同的要求。

6.技术性

职业的技术性即劳动者在职业活动中需要具备一定的才能和专长。虽然不同职业对技术的要求有所不同，但都需要劳动者具有一定的技术。可以说，自职业产生起，就不存在一种没有技术要求的职业。目前，许多职业对学历、专业、职业水平等都有明确的要求。

（三）职业的功能

1.职业是个体获取经济来源的主要途径，从而使个体满足基本的生存需求

美国著名社会心理学家马斯洛认为生理上的需要是人类维持自身生存的最基本需求，包括饥、渴、衣、住、行等方面的需求。如果这些需求得不到满足，人类的生存就成了问题。从这个意义上说，生理需要是推动人们行动的最强大的动力。职业作为人们参与社会生活、从事社会实践的主要手段，为人们提供了个人生存和维持家庭开支的重要物质基础，并使人类在此基础上实现个体的发展和繁衍。

2.职业是个体参与社会交往的重要手段，并使个体从中获得社会和他人的尊重

马斯洛认为个体在社会中、生活中有感情需要和尊重需要。在感情需要方面，人都需要朋友之间、同事之间、家人之间的友谊、合作和关爱，都希望成为群体中的一员，可以得到关心和照顾；在尊重需要方面，人都希望自己有稳定的社会地位，个人的能力和成就能得到社会的承认。感情和尊重是比生存层次更高的需要，是人热切追逐的目标，也是激励人发挥潜力和热情的最大动力。通过从事某种职业，个体可以与他人交往，并在交往中获得他人的认可。这种认可可以是名誉、地位、权力等非经济利益，也可以是别人对自己的尊重和信任等精神力量。尊重需要得到满足能使人对自己充满信心，对社会充满热情，从而体验到人生的意义与价值。

3.职业是个体实现自我价值的必要载体，是个体奉献社会的重要途径

自我价值的实现是最高层次的需要，它指的是实现个人理想、抱负，将个人的能力发挥到最大程度，完成与自己的能力相称的一切事情的需要。在这个过程中，个体可以使自己逐渐成为自己所期望的人物。职业是个体发挥能力的重要载体，是个体在社会中生存和发展的重要手段，也就是说，人必须做称职的工作才会使自己感到快乐，才会在事业上有所成就。此外，个体通过职业参与到社会劳动分工中，并在追求自我实现和发展的同时为社会作出贡献。

（四）职业角色与其他角色的关系

1. 职业角色与其他角色的联系

职业角色和其他角色都是人在社会中所属的特定群体的代名词，表示一个人的地位和身份，是个体社会归属的载体和人与人之间相区别的依据。

职业角色与其他角色一样，当在不同角色之间进行转换时，会经历角色冲突、角色学习和角色协调等一系列过程。

2. 职业角色与其他角色的区别

职业角色相对简单。社会角色具有多元化的特点，人在社会活动中随着场合的不同，不同的人和事将会以各种不同的角色出现，而职业角色仅限于个体供职的行业和所从事的工作，有特定的职业特点。

职业角色相对稳定。人在社会中可能会扮演多种社会角色，这些社会角色在不同的情景下会进行大量的转换，而职业角色是人最基本的社会角色形式，相对来说比较固定，不会时刻变换，具有稳定性的特征。

职业角色是后天选择的结果。普通的社会角色是在人成长的过程中自然生成的，有的角色更是个人成长过程中必须接受的，如父母角色、子女角色和学生角色等。但职业角色需要大量专业技能的支持，需要经过积极的职业学习，所以职业角色不是与生俱来的，而是需要经过后天选择、学习和培养才能获得准确的定位。

（五）我国的职业发展趋势

目前，我国的职业发展趋势主要有以下几种：

1. 由单一基础向跨专业、复合型转化

职业岗位的要求和劳动方式逐步由简单向复杂转化，过去单一技能要求的工作，由于职业内涵的发展扩大，现在需要更充分的相关专业的知识和技能，更多地需要跨专业和复合型的人才。

2. 由封闭型向开放型转化

职业岗位工作的范围和面向的服务对象越来越广泛，接收信息的渠道也必须拓宽，人们相互之间的交往和协作大大加强，所以要求人们具有开放的观念和心态，彻底摆脱封闭的状态。另外，开放型体现在职业岗位工作的性质上也增加了一些以人与人之间联络、沟通、信息咨询和交易为表现形式的内容。例如，许多职业都需要借助互联网从事职业活动。

3. 由传统工艺型向信息化、智能型转化

传统工艺型职业在科学技术含量上相对滞后，在技术更新速度方面比较缓慢，有时跟不上时代前进的步伐。生产力发展的关键之一是增加职业岗位科技含量，改善劳动组织和生产手段，提高劳动生产率。能熟练应用信息管理方法的智能型操作人员，是今后需要的新型人才。例如，传统的仓库管理工作由于需要及时提供库存信息，而向物流式方向发展。

4. 由继承型向知识创新型转化

知识经济时代的到来，要求社会成员不断树立创新意识，在自己的职业岗位上进行创造性劳动。今后，只有创造性人才才能更好地胜任岗位职责。例如，舞台灯光设计师、整体家装设计师等职业，如今这些工作中大部分具有创造性。

5. 由服务型向知识技能型转化

第三产业在劳动者数量增加的同时，对从业人员质量的要求也在不断提高，产生了知识型服务性职业，而且是吸纳社会劳动力的主要渠道。劳动力市场专家预测，未来的新职业会越来越多地出现在服务行业，特别是与健康、通信和计算机相关的行业。

二、职业的分类

（一）国外的职业分类

根据西方国家一些学者提出的理论，一般按照以下三种标准对职业进行分类：

1.按体力劳动和脑力劳动的性质、层次分类

按照这种分类标准，可将从业者划分为白领工作人员和蓝领工作人员两大类。其中，白领工作人员包括：专业性和科技性的工作人员，如会计、建筑师、计算机专家、工程师、法官、医生、教师、牧师、社会科学家和作家等；农场以外的经理和行政管理人员；销售人员；办公室工作人员。

蓝领工作人员包括：手工艺及类似工人，如木匠、砖瓦匠、建造工、保养工和油漆工等；运输装置操作工人；农场以外的工人，如饲养人员、建筑工人、垃圾工和伐木工等；服务性行业工人，如清扫服务工、农场工人、私人服务人员等。

2.按心理个别差异分类

这种分类方法是根据美国著名的职业指导专家霍兰德创立的"人格—职业"类型匹配理论，把人格类型分为六种，即现实型、研究型、艺术型、社会型、企业型和常规型，与此相对应的是六种职业类型。

现实型：主要是指熟练的手工和技术工作，通常指运用手工工具或机器进行的工作，在西方常被称为"蓝领"职业。从事这类工作的人包括木匠、鞋匠、锁匠、产业工人、运输工人（司机）等。

研究型：主要是指科学研究和试验工作。从事这些工作的人，包括研究自然界和人类社会是怎样构成和发展变化的工作人员。

艺术型：主要是指艺术创作类工作。这些工作是人们使用语言、音像、动作、色彩等创造艺术的工作。作家、艺术家、舞蹈演员、摄影师、书画家和雕塑家等各类文艺工作者就是从事这类职业的人。

社会型：主要是指为人办事的工作，即教育人、医治人、帮助人、服务人的工作。从事这类工作的人包括教师、医生、护士、服务员、家庭保姆等。

企业型：主要是指那些组织与影响他人共同完成组织目标的工作。从事这类工作的人包括国家机关及工作机构的负责人、党政干部、经理、厂长、律师等。

常规型：通常是指办公室工作，即与组织机构、文件档案和活动安排

等打交道的工作。从事这类工作的人包括办公室办事员、图书管理员、统计员、银行出纳、商店收款员和邮电工作人员等。

3. 按各个职业的主要职责或从事的工作分类

这种分类较为普遍，主要有以下两种具体分类：

（1）国际标准职业分类

国际标准职业分类把职业由粗至细分为 10 个大类、43 个中类、133个小类。这种分类便于提高国际职业统计资料的一致性和国际交流。

（2）加拿大《职业岗位分类词典》的分类

它把分属于国民经济中主要行业的职业划分为 23 个主类，主类下分81 个子类，489 个细类，7200 多个职业。这种分类对每种职业都有定义，逐一说明了各种职业的内容及从业人员在普通教育程度、职业培训、能力倾向、兴趣、性格及体质等方面的要求，有较大的参考价值。

（二）我国的职业分类

1986 年，我国首次颁布了《职业分类与代码》（GB6565—86），并启动了编制国家统一职业分类标准的宏大工程。1992 年，在中央各部委的大力支持和协助下，原劳动部组织编制了《中华人民共和国工种分类目录》，这个目录将当时我国近万个工种归并为分属 46 个大类的 4700 多个工种，初步建立起行业齐全、层次分明、内容比较完整、结构比较合理的工种分类体系，为进一步做好职业分类工作奠定了坚实基础。1998 年 12 月，国家职业分类大典和职业资格工作委员会，编制完成了《中华人民共和国职业分类大典》，并于 1999 年 5 月正式颁布实施。2015 年 7 月，国家职业分类大典修订工作委员会召开全体会议审议、表决通过并颁布了新修订的 2015 版《中华人民共和国职业分类大典》。

《中华人民共和国职业分类大典》是我国第一部对职业进行科学分类的权威性文献。由于它的编制与国家标准《职业分类与代码》（GB6565—86）的修订同步进行，相互完全兼容，因此，它本身也就代表了国家标准。《中华人民共和国职业分类大典》把我国职业划分为由大到小、由粗到细的四个层次：大类（8 个）、中类（75 个）、小类（434 个）、细类（1481

个），如表1-1所示。细类为最小类别，即职业。

表1-1 我国标准职业分类

大类	中类	小类	细类
第一大类：党的机关、国家机关、群众团体和社会组织、企事业单位负责人	6	15	23
第二大类：专业技术人员	11	120	451
第三大类：办事人员和有关人员	3	9	25
第四大类：社会生产服务和生活服务人员	15	93	278
第五大类：农、林、牧、渔业生产及辅助人员	6	24	52
第六大类：生产制造及有关人员	32	171	650
第七大类：军人	1	1	1
第八大类：不便分类的其他从业人员	1	1	1

第二节 职业的特点、作用与职业管理

一、职业的特点

职业是个人在社会中所从事的作为主要生活来源的工作。职业具有如下特点：

第一，职业与社会分工的关系极为密切。职业随着社会分工的产生而出现，随着社会分工的发展而变迁。

第二，职业具有明显的经济性和一定的连续性。所谓职业的经济性是说人们从事职业活动会获得经济收入即报酬。职业活动的连续性是指一个人可以在较长时间内进行某种职业活动。

第三，职业具有知识性和技术性。要从事某些职业，必须经过较长时间专门的知识学习或技术培训。从事这些职业活动的职业者，需要具备特殊的知识和技术。某些职业活动所需要的知识和技术比较容易掌握，而有一些职业活动的知识和技术不易掌握。

第四，职业具有规范性。从事职业活动必须遵从一定的规范，即职业规范，它是社会规范的重要组成部分。职业规范主要包括人们在职业活动中应遵守的各种操作规则及办事章程、职业道德规范。这些职业规范或以法律、法规，或以组织章程和有关条约、守则的方式体现出来。

二、职业的作用

没有社会分工就不可能出现职业和职业活动，没有职业也不能实现人与生产资料的有机结合。对每一个从业者来说，职业的作用主要体现在以下三个方面：

第一，职业乃谋生之必需。职业生活是构成个人生活的重要组成部分，其表现在人们必须通过参加社会劳动来获取生存必需的生活资料。人类社会的生存与发展都是基于劳动创造实现的，没有人的劳动创造，也就没有人类社会的进步与发展。在现实社会中，劳动的目的是为了取得一定的报酬来作为生活资料的来源，人们通过参加劳动，来换取劳动报酬，满足谋生的需要，并积累个人的财富。

第二，职业促进人的个性发展。职业活动对人的个性发展起着十分重要的作用。职业活动是按照一定的社会要求和内在规律运行的，每种职业都有其独特的活动方式，对从业者在生理和心理等方面都有特定的要求。人们通过参加职业活动逐步形成并不断完善自我的个性，随着从业时间的增加，个人的智力、体力、知识与技能水平会得到充分的发展与提高，从而满足自我实现的需要。

第三，职业是劳动者为社会作贡献的途径。职业的本质是劳动力与生产资料的结合，它体现着人与人之间的社会关系。人们的职业劳动在为个人获得谋生的生活资料的同时，也为社会创造了财富。

三、职业管理

职业管理包括吸引、配置、计划、发展、评价和调整六种专门职能（如图 1-1 所示）。职业管理的主体是组织，它有别于个人自己进行的职业生涯管理。

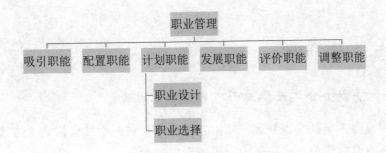

图 1-1　职业管理的职能结构

职业管理的含义可以从以下四方面来理解：

（1）主体与客体。职业管理的主体可以是企业也可以是政府，但在人力资源管理这一门企业管理课程中，我们将主要从企业的角度来讨论作为职业管理客体的劳动者及其职业。

（2）动态性。职业管理过程分为计划、组织、领导和控制四个基本阶段。这些活动本身是动态的，因此职业管理是一个运动的过程。

（3）目的性。职业管理目标要与企业战略目标指导下的人力资源管理目标保持一致。现代企业的目标已经逐渐从单一目标转变为多样化目标，不再以追求企业利润最大化为导向，而是力求在达到满足员工基本利益和全面发展的基础上的企业利润最大。这样才真正使得职业管理成为人力资源优化配置的重要手段。

（4）兼顾性。职业管理只有将企业目标同员工个人职业目标与发展结合为一体，才能真正实现职业管理的目标。

第三节　职业的形成与发展

一、职业的形成

（一）社会分工是职业形成的基础性因素

职业是人类社会发展到一定阶段的产物。在原始社会初期，虽然在氏族成员中有自然分工，但还没有形成专门的职业。

随着生产力的发展，人类征服自然的能力有了明显提高，于是农耕、畜牧分离，出现了第一次社会大分工。随后，手工业又从农业中分离出来，又出现了从事产品交换的商业。之后，私有制产生，阶级出现，又导致了从事体力劳动和脑力劳动的分工。至此，人类社会出现了从事单纯体力劳动和脑力劳动的群体，同管理劳动、经营商业和管理国家以及以后从事艺术和科学的少数特权分子之间的大分工。

随后，人类社会产生了各种各样的职业划分，职业活动成为普遍的社会现象。职业分工一方面在生产中趋向于细密化、专门化、单一化，另一方面在管理中趋向于整体化、综合化。职业不再按性别、生理差异和年龄状况等特点来划分，也不仅仅局限于家庭范围内的物质生产劳动的分工，而是依照劳动者的类型、形式在全社会范围内来划分。职业也不再是偶然存在的社会性分工。社会上的每一种职业都是社会发展过程中长期形成的一种分工形式，是需要运用相应的知识、技能、习俗和个人经验所进行的劳动。

（二）政治文化因素是职业形成的特定性因素

社会分工是职业形成的基础性因素。而特定的社会政治因素也与职业形成有一定关系。有的职业与一定的社会政策密切相关。如博彩业、娼妓业在一些资本主义国家得到保护，而我国在建立了社会主义国家后，随即取缔了这些职业。此外，不同民族的不同传统文化，也导致了一些特定职业的产生，如基督教、伊斯兰教中有宗教神职人员等。

二、职业发展

在历史发展的长河中，社会在不断进步，职业也在不断地发展变化。社会的发展直接推动着职业的发展，职业的发展也对社会发展产生重要作用，同时对人们的择业观念也产生比较大的影响。

（一）影响职业发展的因素

职业是人类社会发展到一定历史阶段的产物，是社会进步的标志。随着社会的不断进步，社会职业的发展变迁出现了不断加快的趋势，不适应社会发展的职业逐渐消失，新的职业不断产生，并在不同的社会发展阶段出现热门职业、冷门职业，从而对人们在选择择业取向时产生深远影响。从总体上说，职业的发展主要受到以下几方面因素影响：

1. 社会发展带动职业的发展

职业是社会发展的结果。随着社会的发展，职业的数量、类型、结果、要求也随之变化。在不同的历史时期，由于人们价值观念的变化，职业的结构、要求也会发生变化。我国历史上出现的"从军热""经商热"等充分说明了这一点。

2. 经济发展影响职业的发展

无论何种意识形态的社会，满足人们日益增长的文化生活需要，不断解放和发展生产力才是根本目的。这就要求社会必须为人们提供足够多的就业机会，让人们有机会获得一个良好的生存状态和为社会创造一定的财富。经济的发展促使社会职业结构和种类发生变化。改革开放后，我国经济快速发展，一些新型的行业和职业不断涌现，如租赁业、房地产业、保险业、广告业、娱乐业、旅游业等迅速兴起并发展。

3.科技进步给职业发展带来巨大冲击

随着社会经济的发展和科学技术的发展，脑力劳动类职业发展速度越来越快，体力劳动类职业越来越少。经济部门和服务性行业的岗位需求越来越多，行政管理等行业的岗位需求越来越少。现代社会科技的迅猛发展，使许多新技术、新产品和新工艺不断出现。这些新技术、新产品和新工艺的研究、开发、应用必然导致部分职业的新旧更替和一些新职业的产生。如通讯事业的发展，就催生了许多有关通讯手段的研究、通讯设备的开发和维修等职业。又如，当代科技的发展对传统印刷业带来了巨大的冲击，计算机照排技术的运用，使印刷业告别了铅和火的时代，汉字录入、照排职业快速发展。此外，科学技术进步不仅导致职业数量结构的变化，还会使职业的社会地位发生深刻变化。

（二）职业的发展趋势

职业从出现开始，随着生产力和社会分工的发展，一直处在不断发展变化之中，有的兴起，有的衰弱，有的热门，有的萧条，各自经历着不同的命运。从总体上看，呈现出以下趋势：

1.职业种类日益增多

随着现代工业的发展，职业的数量、种类越来越多。现阶段，全世界职业的种类近 43000 种。

2.职业结构变化加快

随着工业化进程的推进，产业结构和行业结构变迁逐渐加快。从工业革命发生以来 200 多年的时间里，不但经常出现新行业，且各行业间的主次地位的变化亦越来越快。工业革命时期，主要行业一直是纺织业。进入 20 世纪后，钢铁、化学、汽车、建筑业、信息产业先后超过纺织业。但是，电子从产生、发展到成为一个主行业，只用了几十年的时间。进入 21 世纪后，数字经济时代的发展，将会给职业结构的变化带来又一次大的飞跃。

3.脑力劳动职业增加

进入 20 世纪后，脑力劳动职位在社会职位总额中所占比重愈来愈大的趋势就更明显了。据有关资料介绍，1950 年美国的蓝领人员占就业总数的比例为 50%，1960 年美国的脑力劳动者占就业总数的比例为 43.3%，1997 年上升为 50.1%；1960 年原联邦德国的脑力劳动者占就业总数的比例为 41.8%，1975 年上升为 51.4%，并继续出现增长之势。脑力劳动职位的比重不断增大，在我国表现得也比较明显。

4. 职业要求不断更新

不同历史时期，同一社会经济发展时期职业的内容、要求、报酬等都不相同。一些职业，因新的工作设备和条件变化对职业者提出了更高要求，如行政工作人员、医生、教师、律师等，另一些职业由于任务、职责有一定改变，对就业的要求也会发生一定的变化。

（三）热门职业

热门职业一般是根据经济发展的情况形成的，21 世纪是知识经济时代，高新技术、电子通讯将是经济的增长点。所以，一些与信息、生物等高科技迅速发展相关的职业将逐渐成为热门职业。因为从事热门职业和有热门职业专长的人，都会有助于企业等市场主体在激烈的市场竞争中获得更多的生存机会和发展机会。据专家估计，21 世纪我国热门职业将朝着以下方向发展：一是软件开发、硬件维护、网络集成等高层次计算机科技类职业；二是通信工程、无线电技术等电子工程类职业；三是随着乡村振兴政策的实施，农科类专业将成为热门专业；四是金融、房地产、信息咨询等第三产业；五是政法类职业，律师将成为热门职业；六是师范、医科类职业；七是环境类职业；八是院外医疗业；九是美容职业；十是国际商务策划师。

第四节　未来新职业的发展趋势与动力机制

新职业是指经济社会发展中已经存在一定规模的从业人员且具有相对成熟的职业技能，《中华人民共和国职业分类大典》中未收录的职业。1999 年，我国颁布了首部国家职业分类大典，共收录了 1838 个职业。进入 21 世纪，为适应新职业不断出现和发展的新情况，我国于 2015 年完成修订并颁布新版国家职业分类大典，首次对 127 个绿色职业进行了标识。继新版职业分类大典颁布后，2019 年 4 月、2020 年 2 月、2020 年 7 月，人力资源和社会保障部联合市场监管总局、国家统计局向社会发布了 3 批共 38 个新职业。

一、未来新职业的发展趋势

通过对近两年国家发布的新职业类别（表 1–2）进行整体观察和深入分析发现，新职业在工作性质、工作内容、专业能力、工作关系以及评价标准等方面具有明显的特点。

表 1–2　新职业类别表

发布时间	新职业分类
2019 年 4 月 1 日	人工智能工程技术人员、物联网工程技术人员、大数据工程技术人员、云计算工程技术人员、数字化管理师、建筑信息模型技术员、电子竞技运营师、电子竞技员、无人机驾驶员、农业经理人、物联网安装调试员、工业机器人系统操作员、工业机器人系统运维员等 13 个新职业。

续表

发布时间	新职业分类
2020 年 2 月 25 日	智能制造工程技术人员、工业互联网工程技术人员、虚拟现实工程技术人员、连锁经营管理师、供应链管理师、网约配送员、人工智能训练师、电气电子产品环保检测员、全媒体运营师、健康照护师、呼吸治疗师、出生缺陷防控咨询师、康复辅助技术咨询师、无人机装调检修工、铁路综合维修工和装配式建筑施工员等 16 个新职业。
2020 年 7 月 6 日	区块链工程技术人员、城市管理网格员、互联网营销师、信息安全测试员、区块链应用操作员、在线学习服务师、社群健康助理员、老年人能力评估师、增材制造设备操作员等 9 个新职业。

第一，从岗位性质和行业分布来看，新职业的分布主要集中在新兴产业和现代服务业两个领域。大致来说，新职业的类别呈现出三个 1/3 的分布特点。其中，1/3 是与新兴产业密切相关的工程技术类岗位，1/3 是与互联网和信息化相关的数字化管理和服务类岗位，另外 1/3 是与健康养老咨询和服务相关的现代服务业类岗位。

第二，从工作能力构成来看，大部分新职业要求从业人员具备一定的数字化能力。与传统职业相比，数字化能力是大多数新职业能力要素的基本构成（经过三十多年的发展，互联网信息技术已经由过去的小众化、研究型转变为大众化、应用型）。不管是与区块链、物联网等相关的工程技术类岗位，还是城市网格管理员、互联网营销师、社群健康助理员、在线学习服务师等现代服务业类岗位，都或多或少需要具备一定的数字化能力。

第三，从工作产出来看，无形性的专业咨询服务成为新职业的普遍性工作内容。现代服务业类的新职业同样需要较高的专业技能，如连锁经营管理师、健康照护师、呼吸治疗师、出生缺陷防控咨询师、康复辅助技术咨询师、在线学习服务师、社群健康助理员、老年人能力评估师等新职业，主要是向客户提供专业咨询和专业建议，供客户决策参考。这在客观上也折射出我国经济由传统工业经济向智能制造、服务经济以及知识经济转型升级的发展趋势。

第四，从工作联系来看，新职业越来越凸显"连接最后一公里"的特点。这种连接是指在人与机器、传统 IT 和影子 IT、现实世界与虚拟世界、商业与道德之间搭建的"最后一公里"的连接网络。其一方面体现为"硬"的物理连接，如区块链、物联网、互联网等行业的新职业，偏重从硬件上建立连接；另一方面表现为"软"的服务连接，如健康照护师、网约配送员等新职业，偏重于建立柔性连接。硬件的物理连接为柔性的服务连接提供了基础和保障，不仅帮助人们获得专业产品和服务，也提升了人们的体验度和幸福感。

第五，从需求规模来看，新职业的未来市场需求非常大。根据人力资源和社会保障部中国就业培训技术指导中心联合阿里钉钉发布的《新职业在线学习平台发展报告》显示，未来 5 年新职业人才需求规模庞大，预计云计算工程技术人员近 150 万、物联网安装调试员近 500 万、无人机驾驶员近 100 万、电子竞技员近 200 万、电子竞技运营师近 150 万、农业经理人近 150 万、人工智能人才近 500 万、建筑信息模型技术员近 130 万、工业机器人系统操作员和运维员均达到 125 万、数字化管理师从业人员超过 200 万，人才缺口近千万。

第六，从就业人群来看，"90 后""00 后"是新职业的主流人群。从年龄维度来看，"80 后""90 后"是新职业的主力军，占比达 83%。新职业主要分为两类：一类是全新职业，是指由经济社会发展、科学技术进步以及劳动组织方式变革而形成的新的社会群体性工作；另一类是更新职业，是指职业活动内容因科学技术更新和劳动组织方式变革而发生质的变化的社会群体性工作。新职业大部分是全新职业。一方面，"职业自由"成为年轻人追求的工作方式，其掌握多种职业技能，可以选择的职业超过两种以上，具有自主择业主动权。在这种情况下，职业不仅是谋生的重要手段，也逐渐成为体验不同生命历程和感受不同工作状态的重要方式。另一方面，全新职业的出现与"90 后""00 后"的成长背景有着密切的关联。从出生开始，无论是生活还是学习，"90 后""00 后"都与互联网信息技术建立了紧密的联系。

二、未来新职业的动力机制

新职业的产生是社会分工不断细化的必然结果，社会分工的细化和市场规模的形成是推动新职业出现的两个关键要素。对于当下的中国来说，促使新职业集中涌现的动力机制可以归纳为社会消费新需求的推动、互联网信息技术的大众化以及职业选择的多元化三个方面。

第一，社会消费新需求的推动。新职业之所以会出现，本质上是由社会需求所驱动的。在中国这个超大规模市场中，随着越来越多的美好生活需求亟待获得满足，将会诞生更多的新职业。这些形式各异的新职业，正在成为中国数字经济的重要组成部分，推动中国经济结构的转型升级和高质量发展。新职业更加强调社会需求导向下的、社会分工细化下的专业能力，新职业的从业者不仅是服务的直接提供者，也扮演着咨询顾问、协助辅导等角色，需要提供相关服务的一揽子解决方案，具备与专业机构有效连接的能力，以便更及时、更精准地契合社会消费新需求的高质量发展趋势。

第二，互联网信息技术的大众化。如果说新时代的社会消费新需求只是为新职业的出现提供了可能性，那么互联网信息技术的普及则为新职业的出现提供了充分条件。职业是劳动分工的产物，新职业是劳动分工不断细化的结果。劳动分工的不断细化为社会提供了越来越多的专业化服务，提高了人们的生产效率和生活质量。但只有劳动分工的细化并不必然带来新职业，只有社会需求不断累积达到一定的规模，也就是细化的劳动分工具有一定的市场规模，才能够支撑新的劳动分工的生产和自身再生产的成本，即两者叠加才会催生新职业。

在互联网信息技术普及之前，新职业的产生局限于特定的空间范围。一旦超过一个地区或者城市的空间边界，劳动分工的细化和市场规模就无法达到同等水平，新职业便很难出现。随着近些年互联网信息技术特别是移动互联网的迅猛发展以及智能手机的快速普及，几乎每一个人都拥有能够与他人建立便捷连接的移动互联能力，再加上高铁和物流等交通运输行业的大规模发展，劳动分工的细化逐渐跨越城市空间甚至国家边界，从而生成更为巨大的有效市场，形成巨大的市场规模，最终促使新职业不断出现。

第三，职业选择的多元化。一代人有一代人的差异，随着时代的发展和社会的进步，人们对职业价值的认知和选择呈现出多元化趋势。"80后"之前的人们往往倾向于将党政机关、企事业单位作为优先甚至唯一的选择，这固然有其他领域就业机会较少等的影响，但从根本上来说还是缘于职业和就业价值观具有唯一性。从"80后"到"90后""00后"，人们关于职业价值的认知和选择越来越多元化，体制内就业只是新生代的一个选择。随着独生子女新生代的到来，多数青年人拥有父母一代以及祖父母一代的代际财富积累保障，因而职业选择更多是根据自己的兴趣，而越来越少考虑社会的评价以及别人的看法，具有较高的自由度。职业选择多元化以及大城市的"陌生人社会"趋势，为人们特别是新生代选择和从事新职业提供了宽松的环境。

三、新职业的发展有利于新职业的从业者实现个体价值、新职业的服务对象实现客户价值，能够推动社会不断发展进步

第一，有利于新职业的从业者实现个体价值。社会需求是推动社会发展的根本动力，满足社会需求的过程伴随着劳动分工的不断细化，而分工的细化能够实现社会细分需求或者特定群体需求的满足。正是在不断满足社会需求的持续演化过程中，每一个拥有独特能力的人都能够把自身的能力与社会细化需求匹配起来，在为他人创造价值的同时也实现自我价值。

劳动分工不断细化和市场规模不断扩大之间的动态平衡，使得每个人逐步迎来自由而全面的发展。随着人们需求的不断升级、劳动分工的持续细化以及互联网信息技术造就的细分需求市场规模的逐渐扩大，新职业不断涌现。原本在过去市场规模和社会需求限制下无法实现的劳动分工细化，通过互联网信息技术的普及得以实现，进而产生一系列新职业，并通过新职业的充分就业实现个人价值。

第二，有利于新职业的服务对象实现客户价值。新职业的出现能够满足人们对美好生活向往的细分需求、具体需求和特殊需求。美好生活的需求必然是多元性的，而且往往带有高质量、个性化、精准性、情感性等精神层面满足的内涵。对于消费者个人来说，新职业提供的技术或服务能够直接满足其个性化需求，帮助其增强生活体验、降低生活成本、提高生活质量。比如，在线学习服务师没有出现之前，因为存在时间和空间的限制，一些地方的消费者即使有着更高质量的学习培训需求，也还是很难实现或者实现的成本很高。而新职业的出现则为满足个性化需求和更高质量的需求提供了渠道和路径。

2020 年 1 月 13 日，阿里巴巴公布，2019 年阿里巴巴经济体诞生了超过 100 种新职业。新消费领域诞生的新职业最多，高品质消费需求催生了海鲜饲养员、水果猎人、大米经纪人等新职业；服务消费领域也诞生了服务体验师、情感工程师、垃圾分类师、负能量回收员等。这些新职业的出现源自对消费需求的创造性满足，新消费的形式新、产品新、服务新，职业也是新的。假以时日，这些小趋势的新职业未尝不会成为新职业目录的一部分。随着新职业目录的不断充实，更多的社会消费新需求将得到满足，人们的幸福感也会逐渐增强。

第三，新职业能够推动社会不断发展进步。新职业的出现本质上是能够为社会各行各业赋能的，通过推动各行各业的逐渐进步实现整个社会的不断发展。云计算、大数据、互联网等是新时代推动社会发展的利器。如上所述，新职业的一个基本特点是连接，这个连接的共同点是，处于各行各业的企业端一头连接着企业之外的消费者，一头连接着企业之内的生产者，发挥好"端"的角色是有效匹配和协同生产者和消费者的关键所在。对企业端来说，新职业提供的技术或服务能够创造价值，间接满足人们对更高质量产品或服务的需求。

比如，在农业领域，农民专业合作社等农业经济合作组织发展迅猛，从事农业生产组织、设备作业、技术支持、产品加工与销售等管理服务的人员需求旺盛，农业经理人应运而生。农业经理人可以通过科技和互联网为农业赋能，一方面，有效发挥农田潜力，把农民从烦琐的农业生产中解放出来；另一方面，实现农产品直接对接市场，减少中间流通的时间和成本。由此可知，新职业的发展为新经济、新业态的发展提供了人才支撑，能够推动经济社会高质量发展。

四、新职业发展既需要从业者有着明确的预期和准备，也需要政府及相关机构从政策、制度等各方面进行有效治理

作为一种新生事物，新职业有着光明的前景。实现这一前景并非一蹴而就，需要一个逐步发展完善的过程，需要相关各方的持续努力。事实上，新职业的出现和发展必然会给国家治理带来一些挑战。应对这些挑战，既需要新职业从业者有着明确的预期和准备，也需要政府及相关机构从政策、制度等各方面进行有效治理。可以说，这些相关主体的有机互动影响着新职业发展的未来趋势。

第一，注重对新职业的规范和监管。新职业的出现意味着社会消费新需求的满足，但社会需求的满足应当建立在合理合法的基础上。需要注意的是，当前出现的所有就业形式并不都是合理合法的，因此需要对新职业进行规范和监管。人力资源和社会保障部联合国家市场监管总局和国家统计局通过对现在和未来新的就业创业群体的整体把握和认知，把社会中出现较多的还没有被正式称为职业的工作进行识别、评价、分类以及规范，将新职业纳入国家专业部门的职业目录，就是对新职业规范的一种有效尝试。对新职业的规范意味着为新职业正名，真正把新职业合法化，提高新职业的社会认同度以及公信力。

对新职业的规范有形式规范和内在规范两个方面。除了把新职业纳入职业分类目录的形式规范外，还要注重对新职业的从业资格、工作标准、工作条件等的内在规范，要规定一定的资格条件和行为标准，保证从业者行为的合法。对新职业的内在规范，使得新职业的从业者能够及时有效地满足社会需求，真正为社会创造价值，这是新职业出现的根基，也是保障新职业将来更好发展的关键。倘若没有了对新职业的规范，没有一个相对客观明确的依据和标准，一些从业者的不当行为就会影响新职业的声誉，侵蚀新职业为社会创造价值的根基所在。

　　作为一种主要基于"互联网+信息技术"的新生事物，新职业的工作内容往往带有跨时空性、信息的隐私性和易传播性、工作标准评价的主观性、从业者的流动性等内在特点，使得对新职业从业者进行规范和监督的难度较大。对这些新职业发展中会出现的问题，政府相关部门需要做好心理预期以及各种准备工作，既要秉持包容审慎的原则，为新职业留出成长空间；又要严格制定行业规范和准入标准，为新职业营造良好发展氛围。要及时总结各地经验，并将其上升为制度设计。比如，浙江省制定出台《电子商务直播营销人员管理规范》，这是国内首个针对电商主播的相关规范，明确了电商直播营销人员的基本职责和底线。

　　第二，提供服务和环境，为新职业发展赋能。既要规范和监管新职业的发展，又要提供为新职业发展赋能的各种服务和容错纠错的就业环境，切实帮助新职业从业者解决困难。具体来说，就是为新职业从业者提供实实在在的服务，创造宽松的就业环境，实行与传统从业者同等的待遇和政策。

　　比如，上海推出的关于新职业从业者的人才政策便是一种大胆尝试和探索。在上海市崇明区发布的2020年第一批特殊人才引进落户公示名单中，电商直播领域的李佳琦便在列。为进一步推动直播电商新经济、新业态创新发展，杭州市余杭区政府公布了12条"直播电商"支持政策，明确提出具有行业引领力、影响力的直播电商人才可通过联席认定按最高B类人才享受相关政策。可以说，随着新经济和新业态的发展，对人才的认定标准也在不断更新。新职业从业者中的优秀人才能够落户大城市，这是地方政府对新职业从业者的进一步接纳，也是对新经济、新职业的明确认可。

　　目前，新职业的发布内容主要包括职业名称、职业定义、工作内容等，还没有涵盖职业技能标准以及管理体系。由此可知，新职业的发布只是职业建设的开始，其持续发展还需要政府部门、行业协会、职业院校等相关机构的共同推动。需要注意的是，教育部门和职业院校提供的人才教育培训体系尤为重要。一方面，需要设置新职业相关专业，组织编写教材和培训师资，提高新职业人才培养质量；另一方面，应引导相关企业参与新职业的发展，实现人才培养和市场需求的紧密衔接，以市场需求为导向，引领人才教育体系发展，营造企业和院校一起推动新职业持续发展的良好机制。

第三，引导新职业从业者加强自律。一是，新职业具备广泛的连接性特点，不论是物理层面的硬件连接，还是服务方面的人际连接，都与大数据和特定人群有着密切联系。新职业从业者掌握着比较多的个人隐私信息，如果缺乏自律，互联网的易传播性就会加大人们的隐私泄露风险。二是，从事服务行业的新职业从业者往往拥有较多的粉丝，具有一定的示范效应。

一方面，运用社会主义核心价值观引导新职业从业者。应通过新职业弘扬正能量，引导形成良好的社会行为和健康的社会风气。像社会关注度比较高的直播带货行为，虽然有利于推动消费，但也容易导致不理性的消费行为和对社会资源的浪费行为，甚至会出现网贷等涉嫌违法的犯罪行为。新职业出现的这一不良侧面，仅仅依靠规范和监管是难以解决的，还需要与对新职业从业者价值观的引导有机结合起来。

另一方面，形成新职业从业者的行业自律。最了解新职业的当然是从业者本身，因此在对新职业从业者进行引导时，可以推动建立相应行业协会，形成新职业从业者的自律机制。比如，直播带货本身是一种市场行为，短期来看具有较强的市场效应，但大部分还是要回归市场竞争本身，即凭借商品品质和专业服务赢得顾客。因此，直播人员拥有较大的流量后，能不能坚持自己的初心就变得极为重要（是只介绍自己熟悉的某类产品、走专业路线，还是哪一种品类的产品都可以介绍）。长远来说，直播人员必然要秉持专业主义的发展路线。因为只有聚焦某类产品，提供专业体验和咨询服务，才能够为人们持续创造价值，这是其出现和发展的基石。没有了这个基石，看似再繁荣的直播带货，也无法走得长远。在尚缺乏有效外在规范的情况下，只有依靠行业自律和从业者自律，才能实现新职业的可持续发展。

新职业的出现和发展满足了社会消费新需求，具有引领就业趋势、重塑教育体系、推动产业升级的作用。社会越朝着专业化方向发展，合作的节点就越多，新职业诞生的概率就越大。可以预见的是，随着社会分工进一步精细化，未来还将有更多的新职业不断涌现，越来越多的职业将朝着高价值、数字化、个性化方向发展。因此，对于个人来说，一方面要聚焦自己的专业领域，提高专业化水平；另一方面要具备较高的敏锐性，注重对新经济和新业态等方面知识的学习，保持与新职业迅速连接的能力。

第二章　大学生职业规划

第一节　职业生涯规划

一、概念界定

（一）职业生涯规划

职业生涯规划发展理论最初是以"职业指导"的形式出现的。1908年，在美国拥有"职业指导之父"之称的弗兰克·帕森斯，针对当时大量年轻人失业的状况，为缓解就业压力，成立了世界上第一个职业咨询机构——波士顿地方就业局，并首次提出了"职业咨询"的概念，被后人视为职业生涯规划理论正式创立的起点。从此，职业生涯发展理论开始正规化、系统化，并逐渐趋于成熟。之后，在布里亚特·A.赖特撰写的《成功的职业生涯规划》一书中，首次正式提出职业生涯规划的概念，指出职业生涯规划就是获得并运用与工作职业相关的知识信息，作出相关的计划和选择，最后达到职业目标。国内的一些机构和专家也对职业生涯规划理论作出了相应的概念界定。中国职业规划师协会指出，职业生涯规划就是对职业生涯乃至人的一生发展所进行的系统的、持续的、有规划的计划过程。

一个完整的职业规划由职业定位、目标设定及通道设计三个要素组成。程社明认为："所谓'职业生涯规划'，是指个人结合自身情况、眼前的机遇和制约因素，为自己确立职业方向、职业目标，选择职业道路，确定教育计划、发展计划，为实现职业生涯目标而确定行动时间和行动方案。"根据对上述专家的总结归纳，职业生涯规划就是用来帮助择业者确定职业方向，进行职业选择，最终谋求职业发展，实现职业生涯目标所进行的准备与策划的过程，其中又包括自我剖析、目标设定、目标策略、修改与反馈四个方面的基本内容。另一方面，从组织群体的角度来讲，职业生涯发展规划是指个人在其职业岗位中希望得到不断的成长、提高的要求下，企业会根据员工的自身性格特点、兴趣爱好、发展方向，帮助员工制定个人职业发展规划，不断增强其工作满意度，提高员工职业技能，使他们与企业发展需要能够协调统一。在提高员工职业素质的同时，又促进企业的发展壮大。总之，职业生涯规划既是个体发展的需要，又是企业发展的需要。

（二）大学生职业生涯规划

大学生职业规划就是指大学生在大学四年期间对自己的学习生活及将来的职业目标进行持续的、系统的全面规划过程。职业生涯规划对大学生的成长发展具有重要作用，关系到大学生在大学期间的学习质量、生活质量，直接影响到大学生的求职就业，甚至关系到未来职业生涯的成败。

大学时期是大学生素质发展、能力培养的重要阶段，不仅要向他们传授理论知识和专业技能，更要帮助大学生规划构建正确的人生职业规划，帮助他们明确相应的职业理想和奋斗目标。从大学生自身的职业规划角度来讲，大学生的职业规划就是在客观环境和客观因素的基础上，进行自我评估，形成全面正确的自我认识。再根据当前社会的就业环境，结合自己的知识结构和专业特长，进而确定自己的职业目标，制定相应的教育、培训计划，以实现自己的职业目标。从教育者对大学生的职业规划教育来讲，就是教育者通过教育者自身的职场经验及对就业形势、就业政策的观点和看法，帮助大学生掌握科学合理的职业规划培训方法，有效地帮助大学生从知识、能力和素质等方面设计规划成长轨迹，提高大学生的综合素质、职业适应能力和职业拓展能力，使他们在大学学习生活中乃至将来的职业道路上走得更快、更稳、更坚实。

二、职业生涯规划的步骤与要点

根据中国职业规划师协会的定义，职业生涯规划是对职业生涯乃至人生进行持续系统计划的过程，它包括职业定位、目标设定和通道设计三个要素。职业生涯规划的好坏必将影响人的整个生命历程，通常包括如下六个步骤：

（一）职业生涯规划的步骤

1.步骤一：个人评估

在企业专业人员的引导下，让员工进行自我评估。自我评估指员工通过各种信息来确定自己的职业兴趣、价值观和行为倾向的一个认识自我的过程。其实，自我评估就是确定职业锚的过程。

2.步骤二：职业发展机会评估

职业发展机会评估指员工了解公司的职业环境和职业发展机会的多少，主要是分析内外部环境因素对个体职业生涯发展的影响。外部环境即社会环境，内部环境即组织环境。在职业发展机会的评估中，主要是对组织环境进行评估，包括组织的特色、组织发展战略以及组织的人力资源状况。专业人员结合员工的个人评估以及组织环境评估，来完成多重职业规划设计。

3.步骤三：职业目标设定

职业目标设定即是员工形成长短期职业生涯目标的过程。在专业人员的指导下，使员工形成符合自身职业锚的职业生涯目标。

4.步骤四：职业生涯路线的确定

选择了职业目标后，还应确定实现这一目标的职业生涯路线。依据不同技术，专业人员设计出不同的职业生涯路线，即多重职业生涯路线。

5.步骤五：任职资格的明确

就是明确多重职业生涯路线中不同级别的职位的任职资格，即员工为了实现长短期的职业生涯目标必须具备的能力及素质。

6.步骤六：评估与反馈

在员工沿着职业生涯道路前进的过程中，需要通过不断地评估与反馈来检验与评价职业生涯路线与任职资格的有效性，进而对职业生涯规划进行调整。

（二）职业生涯规划的要点

企业在实施职业生涯规划时，应注意如下要点：

（1）技术通道的人员必须和管理通道的人员的薪酬、福利、地位和奖励等持平或基本持平。当今管理职位和非管理职位之间的报酬、福利、社会地位、名誉等的差别过大，导致非管理部门的人员涌向管理部门。

（2）在为技术通道人员进行绩效测评时，应依据各种技术的特点来设计相应的绩效考核方式及激励方式。在设计薪酬时，技术人员和管理人员的基本工资可以不同，但可通过科研奖金、专利奖金、业绩奖金等形式使技术人员有机会提高总收入，并且要激励技术人员拓展自身的技能，迈向更高的职业技术水平。

（3）根据企业的主要专业技术的不同，设置不同技术部门的阶梯速度和阶梯长度。不同行业的企业，甚至同一行业的不同企业，在设置职业生涯阶梯的宽度、速度、长度均可有所不同。每个企业应该依据本企业的战略、愿景以及人力资源战略来设置独特的职业生涯道路。

（4）保持职业生涯规划的前瞻性和弹性。由于企业面临的经营环境越来越难以预测，人力资源规划必须适应企业经营管理的需要，职业生涯规划必须适应企业人力资源规划的需要，并保持一定的弹性。因此，企业必须要前瞻性地评估企业内部环境、发展战略的变化以及现有人力资源存量和核心人力资源，制定有效的人力资源规划。

三、大学生职业生涯规划教育的基本内容及其特点

（一）大学生职业生涯规划教育的基本内容

1. 自我评价

自我评价就是通过对自身的全面了解，进而做出准确的自我评估。一个有效的职业生涯规划必须是在充分认识、了解自身条件与客观的外部环境的基础上进行的。只有正确地做到自我剖析、自我认识、自我了解（其中主要包括自己的兴趣、爱好、特长、知识、技能、情商、智商、专业技能与思维方式等），才能弄清楚自己想干什么，自己要干什么，自己能干什么，自己应该干什么，帮助自己确立正确的职业目标与奋斗理想，在未来的人生职业道路上走得更快、更稳、更坚实。

在大学生的职业生涯规划教育中，要做到恰如其分的自我评价，应该做到以下几点：首先，大学生应该在日常的学习生活中，时刻注重对自身的自我认识与自我反思，并通过收集总结他人对自身的客观评价等方式，从外部环境中获取别人对自己的信息反馈，进而培养自身的兴趣、爱好、能力及价值观等。其次，在职业指导教师的指导与教育下，或通过其他各种权威的测试方法，如：霍兰德的兴趣岛职业测试、荣格的 MBTI 职业性格测试等手段，可以帮助学生发现其兴趣特点、性格特征、思维方式，确定与其相适应的工作类型，进而确立更准确的职业发展方向。归纳来讲，大学生职业规划教育中的自我评价、自我了解的过程主要包括以下几个方面：第一，分析总结自身兴趣爱好、能力优势、性格特征，充分认清自身的优势和劣势；第二，素质能力与专业技能的了解，做到人职匹配；第三，明确自己的人生观和价值观，确定职业价值观；第四，对比自己的优劣势，评估自己将来会在何种行业、何种类型的工作中有更好的发展。通过以上四点，可以使大学生对自身的身心特点、优劣势、职业特征具有全面、准确、客观的评价，对将来的职业选择具有重要意义。

2. 职业环境分析

职业环境分析就是指对与职业工作环境相关的环境因素进行充分有

效的认识和了解，对当前的职业环境现状、特点、发展状况进行全面的分析，有效掌握当前环境因素的优势和限制，进而有效评估环境因素对职业生涯规划的影响。近年来，随着我国经济的快速发展，科技的不断进步，社会上的各种行业、岗位也在不断地发生着变化，随着社会的发展产生了很多新兴职业，同时也有很多职业退出了职业市场。因而，在高校大学生的职业生涯规划教育中必须要认清职业更迭的客观现象，从微观和宏观两个方面全面深入地去了解职业环境，分析职业环境的特点、发展状况，还需要了解个人与职业环境的关系以及职业环境对个人的要求，准确认识职业环境对个人的利弊因素等。大学生只有对复杂的职业环境有着充分的认识和了解，才能在复杂的职业环境中趋利避害，将自己的职业选择有效地与社会需求和变化相结合，进而更好地进行职业目标的规划与职业路线的选择。

3. 职业定位

职业定位即根据职业目标、职业方向、自身的潜能和自身的客观条件谋求最佳的职位选择。准确的职业定位是以最优性格、最大兴趣、最佳才能及最有利的职业环境等特征为前提基础。在职业定位的过程中主要考虑性格与职业的匹配、特长与职业的匹配、兴趣与职业的匹配、专业与职业的匹配等。职业目标的选择是职业发展的关键，一个坚定的目标可以成为追求成功的重要驱动力。美国著名的心理学家洛克在其目标设置理论中指出：目标本身就具有激励作用，目标能把人的需要转变为动机，使人们的行为朝着一定的方向努力，并将自己的行为结果与既定的目标相对照，及时进行调整与修正，从而能实现目标。

大学期间是大学生性格特点、兴趣爱好的形成时期，也是提高理论知识、学习专业技能的重要时期。此时，对大学生进行职业教育，对于大学生的职业发展具有重要的指导作用。但是，大学生的职业定位不是一步就能完成的，它主要包括两方面：一是大学生在求学期间对职业理想的萌动及对职业的认知和了解，逐渐形成初步的职业目标；二是通过对各方面理论知识的学习，对职业信息的收集、筛选和运用，最终确定下来的职业选择。因此，在具体的职业定位过程中，大学生要设定在校期间的短期职业生涯目标。大学生可以在职业目标定位的过程中先设定学期目标，并将学期目标进行细致的分解，分化成符合实际情况需要的短期、中期目标。如细化分为有时间规定的学年、学期、月、周、日目标，围绕确定的目标采取具体的行动步骤，一步步实现短期目标，增进职业技能，减少个人目标与自身条件之间的分离，从而在潜移默化中提高自身的能力，推进个人条件与职业目标的吻合。其次，在短期目标的不断实践过程中确定最终就业方向。大学生在校期间的学期目标规划都是在为日后毕业的最终择业打基础。随着大学生对社会行业、职业要求、岗位需求、专业知识、专业技能以及自身条件的不断了解，最终确定职业的选择。

4.制定行动计划

在确定了明确的职业生涯规划后，行动便成了职业规划目标得以实现的重要环节。没有明确、有效的行动计划，行动目标就难以实现，也就谈不上实现职业生涯规划。所谓的行动计划，就是为达到目标所需要落实的具体的行动措施，其中主要包括工作、学习、训练、教育等方面的措施。有效的行动计划，能够有助于工作有序、有条理、有重点地开展，既能节省时间，又能避免走弯路，保证工作质量和效率。因此，在大学生职业规划教育中，制定具体的行动计划是大学生职业规划教育的重要内容。大学生应首先根据自身制定的职业生涯规划，不断设定新的、短期的、可操作的行动计划，其次根据自身实际和社会的发展趋势，设定长期的可实现的行动计划，进而逐步向着既定的目标前进。

（二）大学生职业生涯规划教育的特点

1.前瞻性

职业生涯规划是一个发展的概念，是一个动态的过程，具有时代性和前沿性。随着社会经济的快速发展、信息技术的改革，社会的行业结构、职业岗位也在不断地更新转变。因此，为了有效应对时代发展，满足社会需要与岗位需求，大学生的职业规划教育也应该与时俱进、创新观念，才能使大学生的职业价值观、职业目标、职业理想、职业技能与社会和时代的需要相结合。因而，在高校大学生的职业规划指导教育中，应该注重职业规划的前瞻性及行业的预测性。此外，职业与行业具有鲜明的时代性，不同的时期赋予人们不同的择业价值观，不同时期的行业也会对社会就业人员提出不同的要求。大学生在校园更多的是注重知识的学习，与社会接触的机会很少，对社会行业的认知停留在"想当然"和"理想化"的状态。因此，在大学生进行自我定位和职业选择的过程中，必须让他们提前认识、了解职业生涯道路上的各种可能性及知晓未来职业的趋势，才能最终选择一个适合自身特点的职业发展道路。

2. 差异性

大学生在家庭环境、教育背景、地域环境、经济条件、生活经验及价值观念等方面存在的差异，导致大学生在就业目的、薪酬期望、地域选择等方面存在着显著的差异。在大学生的职业规划教育的过程中就要注重学生群体之间存在的差异，根据不同学生的不同需要，展开形式多样、内容丰富、针对性强的职业规划教育，充分挖掘学生的独特性、创造性，才能帮助学生做出最佳的职业匹配。从大学生的自身角度来讲，其差异性还包括：年龄差异、性别差异、思想差异、心理差异、学习差异、专业差异等。这些差异点最终会影响到大学生对自己未来职业的规划与实践。同时，这也要求从事大学生职业规划教育的从业者，在实际规划过程中要遵循客观规律，灵活对待不同的学生，灵活运用不同的方法、手段、技巧，帮助不同特点的大学生对自身的智商情商、优势劣势、个性特征等进行如实评价，使评价结果尽可能接近真实的自我，为之后的职业选择提供科学的参考。

3. 专业性

大学生的职业生涯规划教育对大学生职业岗位的选择具有重要的指导作用，是大学生在校期间认识了解社会行业、职业岗位的主要途径，能够为大学生提供最权威、最准确、最直接的职业信息。因此，对于大学生的职业规划教育必须具有权威性和专业性，才能为学生制定高质量、高要求、高素质的职业规划教育课程。从大学生职业生涯规划教育的专业性来讲，必须具备以下四点：第一，教育机构的专业化。高校应该针对大学生的职业生涯规划与就业工作，成立一个独立的职业生涯规划和就业指导机构，贯彻落实大学生职业规划教育的方针政策，加强指导服务。第二，职业生涯规划教育队伍的专业性。重视职业生涯规划教师队伍的建设，提高就业指导教师的整体素质，力求建立一支职业化、专业化、系统化的大学生职业生涯规划教师队伍，为学生提供专业化、系统化的指导。第三，职业测评的专业化。在对大学生的个性特点、兴趣爱好等性格特征进行测试，帮助大学生客观合理地认识自己的过程中，必须采用最专业、最先进、最权威的测试方法，同时建立一支专家测试队伍，能够对测试结果进行科学的分析、客观的解释，为学生打造个性化的职业辅导。第四，大学生职业生涯规划课程的专业性。大学生职业生涯规划课程作为大学生职业生涯规划教育的重要载体，专业、系统的指导教材能够有效地加强大学生职业生涯规划教育的效果，可根据学校实际与不同年级学生的学习要求，编著高质量、高要求、专业化，符合学生实际与社会发展需要的职业生涯规划教材，建立起全面完整的职业生涯规划与就业指导相结合的专业化课程体系。

4.持续性

大学期间的学习是大学生学习和积累知识技能，形成价值观，为进入社会做准备的一个重要阶段，不能一蹴而就，这就需要有个循序渐进的过程。为此，在对大学生开展职业规划教育时，要根据高校的现实情况、学生的实际情况，针对不同的时期、不同的阶段进行科学合理的安排和规划，并有针对性地实施，才能收到实效。

大学阶段是大学生未来职业的准备时期。然而学生在大学阶段的思想变化、认知情况、兴趣爱好的养成都不尽相同，同时，随着阅历的增加，大学生的世界观、人生观、价值观和他们对职业的认知也会发生改变。因而，大学生的职业生涯规划教育应该贯穿于大学生教育的整个过程，并对他们的学习生活分阶段、分任务逐级地进行规划指导教育，保持大学生职业生涯规划的连续性，促进其职业价值观的形成，才能保证他们与未来从事的职业的有效对接。

5.社会性

大学生职业生涯规划教育的目的在于培养学生独立、理性、科学的生涯决策，提高自己的选择能力，增强对职业世界的认知能力，发现自己的真正兴趣，以确立自己的职业目标和个人发展方向，将自己培养成国家和社会所需要的高素质人才。大学生最终都要走向社会，参加工作。因此，大学生的职业生涯规划教育离不开企业、公司等用人单位的参与。要建立好这种关系，首先，高校需要做到与企业建立长效的合作机制，形成长期合作的关系，高校为企业培养人才，企业为高校的学生提供实习、工作的机会，通过双向的沟通、交流，提高学生对职业信息的认识。其次，加强与企业的互动，促进教师队伍建设。高校可以派送教师多走进企业进行实地考察和学习，加强对企业情况、职业信息、岗位要求的了解，有效地提高教师的自身理论素质和实践教学能力，进而提高职业生涯规划教师队伍的整体素质。同时，企业也可以选派职业生涯规划或者相关的人力资源等方面的专家走进高校、走进课堂，为大学生举办职业生涯规划教育讲座、报告等多种形式的职业生涯规划教育活动，及时帮助大学生了解行业动态和就业形势。最后，听取企业的意见，及时对职业规划教育进行调整。高校应加强和企业的沟通，能够及时有效地对当前的社会职业需求进行充分的了解和认识，进而可以适时调整专业设置和课程设置，更好地适应社会，从而满足企业对人才的要求。

四、大学生职业生涯规划的意义

（一）大学生职业生涯规划对学生个体成长的意义

中国自古以来就强调"凡事预则立，不预则废"。大学生在选择就业的时候，就应该为日后的职业生涯打下基础。而职业的选择无疑是大学生职业生涯规划的第一步和关键一环。正确的职业生涯规划可以为大学生确定职业方向、职业选择和发展阶段等，从而为发挥个人潜能，实现职业生涯的目标奠定坚实和良好的基础。

第一，职业生涯规划是个人成功的基础。职业生涯规划具有计划性和指向性。正是因为职业生涯规划具有计划性和指向性，有明确的目的以及完整的规划，加上个人职业生涯规划是建立在综合评估个人的优点与缺点、能力与不足的基础之上，因而更能清晰地把握个人目标和理想的差距，从而减少大学生在就业过程中会产生的一些问题。从另一角度来说，职业生涯规划因为是建立在正确的社会认知、能力与不足的基础上的，因而更能帮助大学生树立良好的职业观，指导大学生选择符合自身条件的职业。同时，由于职业生涯规划具有科学性，因而奠定了个人成功的基础。

第二，良好的职业生涯规划是大学生个人价值实现的前提。大学生实现个人价值的前提就是一个人作为价值主体能够被社会个体和整体所接受。而一个人作为价值主体，能否创造最多的社会价值和实现自我价值，最根本的在于个人能否选择一个适合自己的职业，并当作自己的事业来做。一旦个人成功，那么也就意味着他创造的社会价值得到了社会的认可。而从另外的一个角度来说，个人创造社会价值的过程就是个人实现自我价值的过程。因此，良好的职业生涯规划是大学生实现个人价值的前提。

第三，良好的职业生涯规划可以有效地提高大学生的竞争力。21世纪的竞争，归根到底是人才的竞争。而人才的竞争取决于人才竞争力。目前，世界经济增长放缓，加之我国的大学毕业生越来越多，因此，今天我国的大学生面临着比以往更激烈的竞争。俗语说，磨刀不误砍柴工。制定适合自己的良好的职业生涯规划，可以使大学生清醒地认识到理想和现实之间的差距，从而促使大学生提高自己的能力，有效提高自己的竞争力。

（二）大学生职业生涯规划对于学校发展的意义

职业规划对于大学生来说不仅是他们事业成功的风向标，同时也有利于高校提高自身的品牌和实力。因此，职业生涯规划对学校的改革和发展有着巨大的推动作用，具体体现在以下三个方面：

首先，大学生职业规划是学校提高综合实力，特别是培养新世纪合格毕业生的重要先决条件。在日益严峻的外部经济环境的影响下，大学生就业面临更加严峻的挑战，大学生的就业率和大学生的职业发展成为检验学校质量的重要指标之一。

其次，职业生涯规划是提升大学生思想政治教育的重要途径。众所周知，高校教育是一个系统工程，它的目的是以培养全面发展的大学生为中心内容，在做好职业生涯规划的同时，要做好学生的思想教育。可以说，开展好大学生职业生涯规划，能有效地扩展高校的思想政治教育的途径并提升教育成果。

最后，职业生涯规划能及时促进高校学生工作理论的进一步发展，丰富其工作的内容。在高校，就业指导一直被认为是理论与实践相结合最紧密的环节，但往往也是问题和矛盾最突出的地方。通过对大学生职业规划理论的进一步研究和探索，能够及时为高校就业咨询以及相关理论提供理论基础和方法论。因此，推广和普及大学生职业生涯规划教育的发展，对广大高校就业指导有着现实的重要意义。因此，职业规划在高校的工作内容中占有举足轻重的地位，它直接与高校的学生工作成败休戚相关。

（三）大学生职业生涯规划对于社会的意义

进入 21 世纪后，社会文明不断发展，社会对新型人才的需求日益增加。人才，成了整个国家进步发展的重要保障。职业生涯规划随着社会的发展应运而生，它的出现使高等人才能更好地满足社会需求，真正做到"人尽其才，才尽其用"。通过在学习期间对大学生进行职业生涯规划的指导和教育，能让他们尽早地了解社会的需求，从而能在学校就开始不断地完善自己，为今后的职业生涯打下坚实的基础。同时，能让在校大学生在正确认识自身和科学开展规划的基础上，形成积极乐观的就业观，通过对不同渠道的了解，能让他们更加成熟自信，这些都极大地转变了以往陈旧的就业指导观念，有效解决了高校毕业生的就业难题，促进了社会的稳定与和谐。

第二节 职业生涯规划的理论依据和经验借鉴

一、理论依据

（一）心理需求和心理动力论

20 世纪中期，在罗杰斯等人的推动下，职业指导理论在以人文主义为核心思想的引领下，逐渐加强了人在职业选择和发展中的重要作用。二十世纪六十年代，美国心理学家罗伊提出了心理需求论，他从不同的心理需求层次的研究中发现，不同的心理满足感和失落感对今后职业生涯的选择有着极大的相关性。从具体的数据分析中，罗伊发现在不同的家庭文化和教育背景的影响下，早期儿童的基本需求获得满足或受到挫折的经验决定着个体心理需求的发展方向，从另一方面来讲，这种需求论又可以叫作"养育关系论"。同时，罗伊指出，孩子在儿童时期的生活环境和氛围会对他今后选择职业产生直接的影响。更进一步讲，职业选择正是个人在满足内在需求与培养内在需求之间努力寻求的一个平衡点。所以，职业生涯规划的出现恰恰符合个人认识自我以及发展自我的需要。罗伊提出的心理需求论特别强调对孩子早期的教育，幼年的生活氛围会对一个人未来的职业选择产生重要的影响，同时，罗伊又认为个体是通过职业选择来满足其内在的需求，并培养满足其需求的能力。

随着研究的不断深入和发展，以及其他心理学家的影响和推动下，在20 世纪 60 年代出现了"心理动力论"，鲍丁是其主要创始人。鲍丁在对不同精神派别进行分析后，发现个人在自我需要的作用下，会出现对职业的冲动性选择。由于对个人内在因素的重视，它解决了以为理论对人内心缺乏认识的不足，但是另一方面，由于过分地重视这种个人的需求，反而忽略了其他外在条件的影响，也是整个理论较为遗憾的地方。

（二）特质—因素理论

与其他几个理论相比，特质—因素理论可以说是最早的比较完善的理论，早在20世纪初，弗兰克·帕森斯教授就在其著作《选择一个职业》中提到，人的需求与职业相符合是职业选择的关键所在，同时提出了与之相辅的著名特质—因素理论的三要素：第一，了解职业的相关信息并具体分析对个人的基本要求。第二，了解个人自身的需求及其心理特征。第三，综合两者之间的内在联系相互结合。作为一个具有专业背景的就业指导人员，他往往能在求职者提出相关需求后，依据求职者的特征，帮助他找到一个尽可能能最大限度发挥他价值的职位。

特质—因素理论存在的先决条件是，作为每个不同的个体，他们都有各自的特点，而且这些不同点往往是可测的，能用具体的数据来比较的。在达到最大化价值的理想状态时，应该是个人的特征与职业的要求最相匹配的时候，这两者匹配得越紧密，产生的效果往往也就越好。也就是说，特质—因素理论的主要立足点在于个人的特质和职业需求的匹配之间的关系。当我们在求职过程中，个人的差异往往存在于每个人的心理和行为中，对应产生的个人独特的人格模式和行为模式往往就有其相匹配的职业，这就是职业选择的重要环节之一。

寻求人的特性与职业需求两者之间的平衡点是该理论的重要内容。主要指每个不同的个体在成长的不同阶段所表现出不同的特征与差异，要求我们通过定性和定量的方法，把这些数据加以分析，综合，再分析，再综合。最后在这些数据的支撑下，找到能适合个体最优的职业，从而实现个人价值的最大化。

（三）职业生涯发展理论

在特质—因素理论出现以后相当长的一段时间内，职业辅导一直占据着重要角色，直到职业生涯发展理论的形成，之前它一直是整个职业生涯规划发展史向前迈进的重要标志。

以代表人物萨柏为核心的一些职业管理学家，在对心理学的各个方面做过深入的研究和调查后，于 20 世纪 50 年代提出了著名的职业生涯发展理论。萨柏在不断地研究和总结后提出了把人的年龄作为主要依据，在大量的数据支持下，提出把人的职业生涯划分为五个主要阶段：即成长、探索、建立、维持、衰退。在这一领域另一个重要的人物是美国的金斯伯格，他同样对职业生涯有着重要的研究，可以说他在这方面也是杰出的先驱者。在《职业选择》一书中，他提到作为青少年的职业生涯发展必须要经历三个重要阶段：幻想期、尝试期、现实期，从整体上来讲它是一个不断发展的系统性过程。

作为即将迈入社会的大学生，大学生涯在这一时期对他们来讲正面临重要的转折期，通过对职业的了解，对整个社会的了解，以及结合自身的能力，最终为自己确立起一个具有操作性的职业生涯规划。这是由职业指导向职业生涯辅导的重要过渡，可以说这是一个质的飞跃，它实现了由单一的个人生涯为主向以组织生涯和个人生涯两者相结合的重大改变。

总的来讲，职业生涯发展理论是当前社会普遍认同的，对于大学生职业规划最具有实践意义的重要理论，成为不少高校为毕业生提供就业指导的重要思想依据。该理论主要的创新点在于把整个职业生涯划分为各个不同的阶段，把个人潜在的职业追求、职业理想、职业发展综合起来，看作一个不断变化发展的过程。对与之相对应的大学生职业生涯规划体系来说，这也是一个漫长、复杂、系统的工作，它涉及学校和大学生之间关联的各个阶段的方方面面。因此，深入研究职业生涯发展理论对大学生职业生涯规划的完善具有重要的理论和现实意义。

二、国外高校职业生涯规划的基本经验

（一）国外高校职业生涯规划的内容

在职业生涯规划的发展历程中，美国是起步最早的国家。早在二十世纪七十年代初，当时的美国联邦教育相关负责人马伦（Marland）博士就提出了一种新的教育观念——"生计教育"，并颁布了相应的法律法规

作为保障。随后的几年里，联邦政府相继出台了不同措施来规范职业教育，监督学校职业生涯规划的指导工作，其中最权威的要属联邦职业协调委员会（NOICC），它的成功是美国各个重要政府部门通力合作的结果。在法律方面，联邦政府更是不遗余力地颁布了各种相关的职业指导法律法规，在规范市场的同时也促进了学校与社会职业教育的衔接，更好地帮助学生在校期间就开始接触职业生涯的规划和设计。在文化教育方面，联邦政府规定了相关的职业教育课程，用正规的课堂教育来引导学生。帮助学生走好职业了解、职业探索、职业抉择三个重要的阶段，使他们能在面临就业时作出理性的选择，同时培养树立起正确的职业价值观。学校通过设置这些课程，采取选修或必修的方式对学生进行系统的教育，不仅使学校提升了学生今后就业的机会，也为学生提供了大量社会就业的信息，让学生能在学习阶段就开始进行职业生涯的规划。

众所周知，德国是个教育大国，特别是在职业教育这一方面有其独到之处。在德国，职业教育已经相当普及，各种不同的专业职业培训机构层出不穷，他们向咨询者提供专业的职业咨询和就业指导。其中有个最有特色的例子就是德国各高校的"慕尼黑就业模式"，其一开始发源于德国城市慕尼黑的一些学校中，通过建立专业的职业网络平台，在平台上发布大量相关信息，无论是学校、学生本身还是企业都可以在上面发布供求信息，依靠网络传播和共享资源。平台作为连接大学教育和就业市场的一个重要纽带，发挥着重要的作用。随着社会的不断进步和发展，德国政府部门每年不断提高对大学职业教育的预算支出，还通过出台相关政策来引导学生的就业。同时各高校根据社会的职业需求不断调整学生的人才培养战略，以培养出适应社会发展需要的新型人才。职业生涯规划在德国双管齐下，由政府和企业搭台，学校和学生共同唱戏，发展势头一片红火。

日本同样也是一个教育大国，由于社会竞争日趋激烈，学生就业面临重重困难。因此，日本开展了相关出路指导的职业教育。它是由政府指导，学校和企业相互配合实施的。在20世纪50年代后期，日本也学习美国，将职业教育纳入到学校日常的教育工作中，通过学校的教育，让学生了解社会就业的情况，同时明确自己的个人特质，从而引导他们作出合适的职业生涯规划，提高他们在社会上的竞争力。

在教育事业更为发达的西欧国家瑞典，学校则把职业指导的"课程化"，作为学生学习期间必修的课程之一。在日常的教育中，让学生不仅仅能掌握职业理论方面的知识，同时指导学生进行职业生涯规划设计。需要特别指出的是，在瑞典，学校还不时地邀请学生家长加入到学生的职业教育学习中，让家长能更清楚地了解就业市场的同时，也促成了学生和家长之间经验的交流。家长作为在了解自己孩子特性方面最有发言权的角色，把他们所了解的方方面面与专业职业指导老师的知识相结合，必然会更有利于使学生制定合适的职业生涯规划。

（二）国外高校职业生涯规划的特点

通过综合资料以及查阅相关数据，我们发现，国外高校职业规划有以下四个特点：

1.起步早普及广

职业生涯规划在国外的发展较早，在一些西方发达国家，学生在小学期间就开始接受相关的职业教育课程，将职业生涯规划的知识潜移默化地灌输到学生的头脑中，这样不仅可以使学生及时了解就业市场的需求情况，同时也通过学习不断地认清自己的特性，为今后能找到一个适合的职业做好铺垫。

2.专业化程度高

在国外的一些发达国家，从国家、地方政府到学校，一般都设有不同形式的专门从事学生职业生涯规划的指导机构以及相关的职业指导工作人员，他们只有在通过专业的培训考试，并且考试合格才能拿到从业资格证书。在日常工作中，专业的职业测评体系是衡量专业化职业生涯规划的一个重要标准，通过对数据的分析，对每个人的职业技能作出评价，用事实数据给学生职业生涯的选择提供依据。

3.个性化多样性

在比较各国的职业教育时，我们发现各国的职业指导方式各有特色，特别是在高校的职业教育方面。像美国等一些发达国家，学校重在引导，他们设置课程让学生认识自我，发现自我，从而使学生找到符合自身特性的职业。在德国，学校主要通过搭建网络平台，学校、学生、企业都在这一平台上发布各自的信息，使学生在掌握信息后通过不断完善自我，不断调和自身与社会和企业之间的关系，找出自己的价值所在。通过这种方式，拉近了学校和社会的关系，有利于学生制定更加合适的职业生涯规划。

4.连续性全面性

职业生涯规划不是固定的、片面的过程，而是一个连续的、全面的系统工程。在西方国家的许多高校中，学生从大一起就开始接受职业生涯规划方面的教育和指导，让学生一进大学校门就能了解自己的性格、爱好和专长，在之后大二、大三的一系列职业生涯测量中，通过数据的变化不断地调整自己，明确自己的努力方向。在大四阶段，主要着重给即将毕业的学生提供社会相应的职业需求信息，同时鼓励学生参加企业招聘会，指导学生填写职业申请表，鼓励学生在不同的实习中发展自己。

（三）国外学校职业生涯规划带给我国的启示

通过对国外学校的职业生涯规划的分析和总结，笔者认为能给我国的相关职业教育带来以下四个方面的启示：

1.作为职业生涯规划的重要一方——学校，应当在认识上更加重视

学校应该清楚职业生涯规划对学生的帮助，从而把职业教育规划纳入到日常的教育当中，在每个不同的阶段对学生进行职业规划教育。使学生不仅能掌握相关方面的知识，更重要的是让他们能正确认识自己的兴趣和能力，帮助学生在科学系统的知识指导下，规划自己的职业生涯。

2.职业生涯规划要个性化，因人而异

虽然学校可以通过各种途径得到许多关于职业生涯的数据和资料，但是不能照搬将其用到自己的学生身上。

每个学生都是一个独特的个体，他们的个人特质、职业能力、职业素

质都是不尽相同的，学校应该对他们进行一对一的指导，最重要的是要建立个人职业生涯档案，这样在对学生进行指导中才能发挥出最佳的效果。在指导的过程中，要充分发挥学生的个性特长、自身优势，满足社会需求，选择有利于自身发展的职业，进行正确的职业定位，这决定着职业生涯规划的好坏。

3.以市场需求为依据，把职业生涯教育与社会需求紧密联系起来

了解社会需求是职业生涯规划的重要组成部分。大学生在不断地完善和提高自己能力的同时，也要时刻关注社会的需求。只顾一头，而忽略另一头的方法是行不通的，应该不断地收集、分析各种社会需求的信息，在这些信息的指导下，调整自己，适应社会发展的需要。

4.充分利用网络的优势，建立网上职业生涯规划相关的系统

21世纪是信息时代，其主要传播载体就是网络，网络具有辐射面广、更新频率快等特点。学校应该加强专业的网络信息建设，为学生提供一个信息量大、更新频率高、资源丰富的职业信息网络平台，使学生更方便快捷地了解相关信息。

第三节 个人生涯愿景与大学生职业规划

一、个人生涯愿景

一份有效的职业生涯规划应该包含六个部分的内容，分别是：清晰的个人生涯愿景、自我评估、职业生涯机会评估、确定职业发展目标、设定职业生涯发展路线、制定弥补差距的行动方案，具体如图2-1所示。

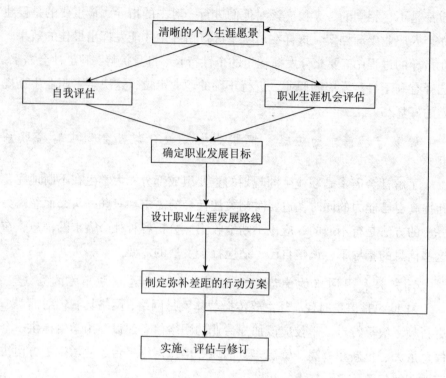

图 2-1　大学生职业生涯规划步骤流程图

（一）个人生涯愿景的内涵

愿景，即所向往的前景。愿景对于个人来说，是人们选择和发展自己的职业时所围绕的中心，是人们永远为之奋斗、希望达到的图景，它是一种意愿的表达，愿景概括了未来的目标、使命及核心价值，是最终希望实现的图景，是激励人们奋斗进取的动力，是人生力量的源泉。

生涯愿景是个人在实践过程中经过探索，与外界互动逐渐沉淀下来的理想职业目标，是目标职业的期望情景的总和。生涯愿景包含很多内容，如目标职位、领导风格、价值观念、性格特征、行业领域、规模、职位胜任素质等，其中价值观、个人性格、知识技能等最为重要，是构成个人职业生涯愿景的核心部分。

在人类历史上，古今中外凡事业成功的人士，大都从小立志，确立目标，最终为社会作出贡献，从而实现自己的人生目标。不同的人生志向将决定不同的人生。一般来讲，志向的层次越高，它所提供的动力就越大。青年时代的马克思就立下大志，树立了崇高的理想，要在自己的领域内进行独立的创造，为人类的幸福而工作。他在1835年所写的中学毕业论文《青年在选择职业时的考虑》中写道："人只有为同时代的人的完美，为他们的幸福而工作，自己才能达到完美。"一位年仅17岁的青年，在180多年前写出的这掷地有声的语言，今天读起来仍然是富有时代气息的豪言壮语。

（二）职业生涯发展从选定方向开始

比塞尔是撒哈拉沙漠中的一个小村庄。这儿的人从来没有一个人走出过大漠，据说不是他们不愿离开这块贫瘠的地方，而是尝试过很多次都没有走出去。英国皇家学院院士莱文对这种现象感到很奇怪。他来到这个村子向这儿的每一个人询问原因，每个人的回答都一样：从这儿无论向哪个方向走，最后结果总是会回到出发的地方。

为了证实这种说法，莱文尝试着从比塞尔村向北走，结果三天半就走了出来。莱文非常纳闷，比塞尔人为什么走不出来呢？为了进一步找到原因，莱文雇了一个比塞尔人，让他带路，而莱文自己收起指南针等现代设备，只拄木棍跟在后面。十天过去了，他们走了大约800英里的路程，第11天的早晨，他们果然又回到了比塞尔。这一次莱文终于明白了，比塞尔人之所以走不出大漠，是因为他们根本就不认识北斗星。在一望无际的沙漠里，一个人如果跟着感觉往前走，他会走出许许多多、大小不一的圆圈，最后的足迹十有八九是一把卷尺的形状。比塞尔村处在浩瀚的沙漠中间，方圆上千公里没有一点参照物，若不认识北斗星又没有指南针，想走出沙漠，确实是不可能的。莱文在离开比塞尔时，带了一位叫阿古特尔的青年，就是上次和他合作的人。他告诉这位汉子，只要他白天休息，夜晚朝着北面那颗星走，就能走出沙漠。阿古特尔照着莱文的话去做，三天之后果然来到了大漠的边缘。阿古特尔因此成为比塞尔的开拓者，他的铜像被竖在小城的中央,铜像的底座上刻着一行字: 新生活是从选定方向开始的。

职场何尝不是每一个人职业生涯的撒哈拉大沙漠，每个人的职业生涯就像要走出这撒哈拉大沙漠一样，在亲身经历之前一切都是未知的，成功注定是在大漠的另一边。因此，要想职业生涯发展好，首先要从选定方向开始，愿景就是生涯发展的方向。

二、大学生职业规划的内容

（一）学业规划与职业规划

大学生学业规划，是指学生个人结合自身实际情况和大学环境等因素，为自己确立大学在校四年的学习、生活以及择业、就业的计划和打算。大学四年是一个人的人生观、价值观、世界观形成的重要时期，是大学生精神成人的时期，尽早做好规划的重要性和必要性不言而喻。因此要将大学的四年学习与日后的职业联系起来，提前做好规划。

1.大学一年级

大学一年级的目标是掌握专业基础知识，初步了解职业，提高人际沟通能力。这一时期属于试探期，具体要做的事情有：

（1）调整好心态积极适应大学的新环境，了解大学的学习特点，尽快找到适合自己的学习方法，增强学习的自觉性。

（2）充分利用好教室、图书馆、宿舍等学习场所，认真听好每一节课，脚踏实地地学好基础课特别是计算机、英语、数学等。学会熟练地在就业中心查询相关信息，了解不同的职业和职位。

（3）向父母、老师、师哥师姐等前辈们询问就业情况，讨论你对职业的兴趣。

（4）参加一些与求职有关的小组讨论、自我测试等，了解自己的优势和求职的实用技巧等。

（5）参加学校组织的体育运动、课余活动等，提高自己的协调能力，锻炼自己的身体素质，增强交流的技巧。

2. 大学二年级

大学二年级的目标是提高基本素质，通过参加学生会或社团等组织，锻炼自己的各种能力，同时检验自己的知识技能。这一时期属于定向期，具体要做的事情有：

（1）继续在职业选择方面扩展自己的知识。罗列出吸引自己的职业，并试着去了解。

（2）通过招聘网站、报纸等媒介更多地了解人才市场的情况。

（3）通过就业中心、图书馆、网络等搜寻相关资料。

（4）同那些在自己感兴趣的领域工作的人面谈，了解更多信息。参与对方一天的工作，建立对这些工作的直观认识。

（5）争取暑期实习、社会实践、志愿活动等机会来积累工作经验，并通过实地考察来确定自己的职业偏好。

（6）参加招聘会和其他与求职相关的活动来扩展对其他行业、职业的认识。

3. 大学三年级

大学三年级的目标是提高求职技能，搜集公司信息，并确定自己是否要考研。这一时期属于冲刺期，具体要做的事情有：

（1）缩小职业选择范围，并与就业指导员等进行相关讨论。

（2）如果选择的职业需要更高的学位，那就需要开始准备读研。

（3）考察自己所向往的公司及其工作环境，锁定能够提供合适职位的企业。

（4）开始试着与企业联系，扩展自己的关系网，为接下来的求职做准备。

（5）继续积累与就业相关的工作经验和领导能力。

（6）准备出国留学的学生，可多接触留学顾问，参与留学系列活动，准备 TOEFL、GRE 考试等，注意留学考试资讯，向相关教育部门索取简章。

4. 大学四年级

这一时期大部分学生的目标应该锁定在工作申请及成功就业上。这个时期属于分化期，具体要做的事情有：

（1）检验自己是否明确职业目标，前三年的准备是否充分。

（2）积极参加招聘活动，在实践中检验自己的积累和准备。

（3）预习或模拟面试。积极利用学校提供的条件，了解就业指导中心提供的用人公司的资料信息，强化求职技巧，进行模拟面试等训练，尽可能地在做出较为充分准备的情况下进行施展演练。

（二）一份完整的职业规划的内容

职业规划的主要内容反映着规划制定者对价值观念、知识、能力的倾向以及对职业生涯发展的把握程度。结合有关专家学者的研究成果，笔者认为一个较为完整的职业生涯规划应包括以下几方面的内容：

1.题目

题目包括的项目主要有：规划者的姓名、规划的年限、起止日期、年龄跨度。其中规划年限可根据个人具体情况而定，可以是半年、3年、5年，甚至是20年。开始日期要详细到年、月、日，截止日期可以到年。

2.目标确定

目标包括阶段目标、职业方向和总体目标。阶段目标是职业规划中每个阶段的目标；职业方向即从业方向，它反映职业生涯动机或称为主观愿望；总体目标指在特定规划中的终极目标。

3.社会环境分析

社会环境分析是指规划制定者对所在国家或地区的政治、经济发展趋势以及文化、法律等对所选定职业影响程度的分析。社会环境分析有利于职业规划者把握未来职业所在行业的发展方向。

4.组织分析

组织分析结果包括对用人单位的管理制度、发展前景、产品或服务、组织文化、组织所能提供的教育培训机会以及发展空间等对实现职业生涯可能性的分析。

5. 自身条件及潜力测评

自身条件及潜力测评即对自己目前的能力、发展潜力、发展方向进行正确分析，展望将来的预期目标，并将自身状况与环境中的机遇和挑战相比较，从而确定哪一类职业比较适合自己。同时，通过业绩评估和潜能测评还可以更好地发现未来的发展潜力。

6. 目标分析

分析制定、实现目标的主要影响因素，根据观念、知识、能力、心理素质等方面的差距，规划出多项并不互相排斥的目标，包括时间目标、能力目标、职务目标、经济目标、成果目标等。

7. 成功的评价标准

不同的人对什么是成功的职业生涯有着不同的评价标准，有的人认为事业的成功就是职业生涯的成功，没有成功的事业也就没有一切，所以他们为了事业不惜牺牲健康和家庭。有的人认为在取得事业成功的同时，身体能够健康、家庭幸福美满才能称得上是成功的职业生涯，所以他们会追求三者的协调发展。

8. 实施方案

首先找出自身的思想观念、知识能力、心理素质、身体适应能力等方面与实现目标所需能力之间的差距，然后制定具体的解决方案，争取改变工作内容或工作方法，逐步缩小差距以实现职业目标。

9. 他人角色分析

对自己周围的人，如家庭主要成员、同事、直接上级、职业生涯规划专家等在自己职业生涯规划中扮演什么样的角色，发挥什么样的作用等都应该进行详细分析。

三、大学生职业生涯规划的步骤

（一）自我评估

自我评估是为了更好地认识自我、了解自我。只有通过科学的认知方法和手段，如借助职业兴趣测验和性格测验以及周围人对你的评价等，对自己的职业兴趣、气质、性格、价值观、能力等进行全面认识，才能清楚地判断自己的优势与劣势、特长与不足。

要特别指出的是，从最早的弗兰克·帕森斯开始，职业发展专家就专门把兴趣当作职业选择的一个重要组成部分，当前常用的职业兴趣量表有斯特朗兴趣量表、库德职业兴趣量表等，这些兴趣量表的本质是测量某人对关于个人喜欢什么及不喜欢什么的题目的反应，然后将个人的兴趣剖面图与某个职业领域中其他人的兴趣剖面图进行比较，看两者之间是否符合。所以，自我评估时要客观、冷静，不能以偏概全，既要看到自己的优点，又要面对自己的缺点。只有这样，才能避免设计中的盲目性，达到设计的高度适宜。

（二）职业生涯机会评估

职业生涯机会评估主要是指分析内外环境因素对自己职业生涯发展的影响。人是社会的人，任何一个人都不可能离群索居，都必须生活在一定的群体环境之中，特别是要生活在一个特定的组织环境之中。环境为每个大学生提供了活动的空间、发展的条件、成功的机遇。特别是近年来，社会的快速变迁，科技的高速发展，市场的竞争加剧，都对大学生的发展产生了很大的影响。大学生如果能很好地利用外部环境，就有助于事业的成功。因此，在进行职业生涯规划时，要分析外部环境对大学生提出的要求以及环境对自己有利与不利的因素等。

（三）确定职业发展目标

职业目标就是在职业上的追求和期望，如人力资源总监就是一个职业目标，而人力资源方面的工作就不是职业目标，而只是一个职业发展方向。确立目标可以成为追求成功的驱动力。因此，在制定职业生涯规划时，关键是要确立好目标。

确立职业发展目标首先要知道一直想做的事，这样才能找到兴趣所在，明确在最困难的时候也不放弃的那份追求。其次要知道现在所具备的知识、经验、技能、思维方式（或者是大学毕业后应该具备的能力）等，找到职业发展目标的切入点。最后要知道职业的期望是什么。将这三者结合起来，就可以找到适宜的职业目标。通过这样的方法和途径建立的职业目标是符合个人兴趣的，是具有合适的切入点的，是能够适应个人对未来的期望的。

职业目标是人们对未来职业生活的构想和规划，任何人的职业目标必然要受到社会环境和社会现实的制约。因此笔者认为，凡是符合社会发展需求和人民利益需要的职业都是正确的。大学生制定职业目标时应把个人志向与国家利益和社会需要有机地结合起来，这才有实现的可行性。

（四）设定职业生涯发展路线

职业生涯路线是指当大学生确定职业生涯目标后，向哪一条路线发展。即是向行政管理路线发展，还是向专业技术路线发展，或是先走技术路线，再转向行政管理路线等。由于发展路线不同，对职业发展的要求也不相同。因此，在职业生涯规划时必须做出选择，以便使自己的学习、工作沿着预定的方向前进。通常职业生涯路线的选择须考虑以下三个问题：一是自己想往哪一条路线发展？这是通过对自己的职业价值、职业理想、职业动机等的分析，确定自己的职业目标取向。二是自己能往哪一条路线发展？这是通过对自己的性格、特长、经历、学历的分析，确定自己的职业能力取向。三是自己可以往哪一条路线发展？这是通过对自己身处的社会环境、经济环境、政治环境、组织环境的分析，确定自己的机会取向。对于以上三个问题，进行综合分析，就能确定自己的最佳职业生涯路线。

（五）制定弥补差距的行动方案

职业生涯每次质的飞跃，都是以学习新知识、获取新技能为前提的。为了顺利达成目标，个人首先需要对达成目标所要求的条件进行分析，然后对照自己找出差距，并找到弥补差距的具体办法。

（六）实施、评估与反馈

俗话说"计划没有变化快"，尤其是在经济全球化和高科技信息时代背景下，变化更是永恒的主题。大学生必须意识到为不断提高与职业生涯决策有关的自我认识是一个终身的过程，永远不会结束。每个新的事件和经历都会增加或者改变大学生的价值观、兴趣和技能的信息存储，而且不管他们的经历是成功还是失败都能够对职业生涯的选择起到重新认知的作用，从而进一步明确个人的职业生涯。由于影响职业生涯规划的因素很多，有些变化着的因素是难以预测的，因此，要使职业生涯规划行之有效，大学生就必须时刻关注职业环境的变化，从而不断对职业生涯规划进行评估与修订。对大学生而言，其职业生涯规划修订的主要内容包括生涯路线的修订，职业生涯目标的修正，实施措施与计划的调整、变更，等等。

四、大学生职业规划的方法

许多职业咨询机构和心理学专家进行职业咨询和职业规划时常常采用的方法是有关5个"W"的归零思考的模式：从自己是谁开始，然后依次问下去，共5个问题。

第1个问题"我是谁？"是指应该对自己进行一次深刻的反思，想想自己到底是怎样的一个人。最好把自己的优点和缺点都列出来进行分析。

第2个问题"我想干什么？"是对自己职业发展的心理趋向的检查。每个人在不同阶段的兴趣和目标并不完全一致，有时甚至是完全对立的，但兴趣会随着年龄段增长而逐渐稳定，并最终确定自己的终身理想。

第3个问题"我能干什么？"是与自己的能力和潜力有关的问题，个人对于职业的定位最根本的还要归结于他的能力，而职业发展空间的大小则取决于自己的潜能。对于一个人潜能的了解应该从对事物的兴趣、做事的专注度或韧性以及知识结构是否全面、是否及时更新等这几方面着手。

第4个问题"环境支持或允许我干什么？"这种环境支持在客观方面包括本地的各种状态，比如经济发展、人事政策、企业制度、升职空间等；在人为的主观方面包括同事关系、领导态度等，两个方面要综合起来看。有时，我们在做职业选择时常常忽视主观方面的事情，没有将一切有利于自己发展的因素调动起来，从而影响了自己的职业发展。

第5个问题"自己最终的职业目标是什么？"这是我们进行职业规划

的最终目的。之所以进行职业规划是因为它能帮助我们比较清楚地认知自我，从而根据自己的特点制定出符合自己发展的目标并通过具体的实施步骤达到我们所希望的目的。明晰了前面 4 个问题，就会从各个问题中找到对实现有关职业目标有利和不利的条件，列出不利条件最少的、自己想做而且又能够做的职业目标，那么对第 5 个问题自然就有了一个清楚明了的框架。

第四节 大学生职业规划的实施与调整

一、大学生职业规划的实施

做好规划后最重要的是要积极地实施，没有实施的规划只是空想。因此，职业规划的实施是整个职业规划价值体现的核心环节。职业规划的实施要注意以下几个问题：

（一）学会时间管理

无法有效地管理时间是规划得不到实施的常见根源，其原因包括主观和客观两大方面。

主观原因一般包括做事拖沓、缺乏优先顺序、过于注重细节、做事有头无尾、思考问题消极、退避意识强烈等。客观原因主要有周围环境影响、上课时间安排等。

时间管理的方法有很多，主要有以下几种方法：

1.6 点优先工作制

该方法是效率大师艾维利在向美国一家钢铁公司提供咨询时提出的，它使这家公司用了 5 年的时间，从濒临破产一跃成为当时全美最大的私营钢铁企业，因艾维利获得了 2.5 万美元咨询费，故管理界将该方法喻为"价值 2.5 万美元的时间管理方法"。

这一方法主要要求我们把每天所要做的事情按重要性排序，分别从"1"到"6"标出 6 件最重要的事情，重要性依次降低。每天一开始，先全力以赴做好标号为"1"的事情，直到它被完成或被完全准备好，然后再全力以赴地做标号为"2"的事，依次类推。艾维利认为，一般情况下，如果一个人每天都能全力以赴地完成 6 件最重要的事，那么他就一定会是一位高效率人士。

2. 麦肯锡 30 秒电梯理论

麦肯锡公司曾经得到过一次沉痛的教训。该公司曾经为一家重要的大客户做咨询。咨询结束的时候，麦肯锡的项目负责人在电梯间里遇见了对方的董事长，该董事长问麦肯锡的项目负责人："你能不能说一下现在的结果呢？"由于该项目负责人没有准备，而且即使有准备，也无法在电梯从 30 层到 1 层的 30 秒钟内把结果说清楚。最终，麦肯锡失去了这一重要客户。从此，麦肯锡要求公司员工凡事要在最短的时间内把结果表达清楚，凡事要直奔主题、直奔结果。麦肯锡认为，一般情况下人们最多记得住一二三，记不住四五六，所以凡事要归纳在 3 条以内。这就是如今在商界流传甚广的"30 秒电梯理论"，或称"电梯演讲"。这一方法要求我们要善于归纳总结，要对解决方案或是产品或是企业完全了解到一定程度，能在 30 秒之内清晰而准确地向客户或是顾客或是投资者解释清楚。

3. 莫法特休息法

《圣经新约》的翻译者詹姆斯·莫法特的书房里有 3 张桌子。第一张摆着他正在翻译的《圣经》译稿，第二张摆的是他的一篇论文的原稿，第三张摆的是他正在写的一篇侦探小说。莫法特的休息方法就是从一张书桌搬到另一张书桌，继续工作。这与农业理论上的"间作套种"原理是类似的。人们在实践中发现，连续几季都种相同的作物，土壤的肥力就会下降很多，因为同一种作物吸收的是同一类养分，长此以往，地力就会枯竭。人的脑力和体力也是这样，如果长时间持续同一项工作内容，就会产生疲劳，使活动能力下降。如果这时改变工作内容，就会产生新的优势兴奋灶，而原来的兴奋灶则得到抑制，这样人的脑力和体力就可以得到有效地调剂和放松。

上述方法告诉我们，节约时间、学会管理好自己的时间，这本身就是一种成功。从浪费时间的泥潭中抽身，我们的职业生涯发展规划才有成功实现的可能。对于大学生来说，要学会有效利用时间，努力充实自己，并学会劳逸结合。

（二）要学会自制

在实施职业规划的过程中坚守"当日事当日毕"的原则很重要。有些人行动拖延的主要原因就是懒惰，凡事能拖则拖。这样的做事风格在事业上不可能获得成功。因此，要学会自制。自制是一种难得的品质，有自制力才能抓住成功的机会。缺乏对自己的控制，会错过许多稍纵即逝的机会。

（三）要善于调控情绪

情绪是人对事物的一种直接的本能的情感反应。不同的人对客观刺激的反应是不同的。

情绪可以影响一个人的成败，不良的或过激的情绪往往会置人于不利地位。人的情绪主要受心理素质的影响，不断提高心理素质，学会面对挫折，学会自我调节情绪，有助于我们保持健康向上的生活态度。当情绪产生波动时，可以尝试用自我激励法、转移调节法、身心放松法、情绪宣泄法、自我安慰法、轻松幽默法、心理咨询法等方法进行自我调节。

（四）要克服急于求成的心理

每个人在前进的道路上都可能遇到各种各样的矛盾和困难，这就需要耐心地去对待，积极地寻找解决问题的方法。有些人总是急于求成，想在短时间内一次性把所有困难都解决掉，把所有的事情干完，而一旦不见成效就丧失信心，自我放弃。因此，在实施职业规划的过程中，一定要保持一颗冷静的心，克服掉急于求成的心理，有计划、有步骤地解决所遇到的问题，当问题全部解决后，对任何人来说，都会得到历练。

（五）要有坚定的信念

有些人在职业规划的初期总是有着十足的动力，但随着时间的推移，动力就慢慢地减少了。特别是在环境或其他条件因素有变动或遇到特殊情况时，就很容易放弃行动，终止职业规划的实施。因此，在实施职业规划时一定要保持一种坚定的信念，只有这样，才能取得最后的成功。

（六）要保持行动的有效、高效

有效的行动是指行动要始终围绕着目标而进行。高效的行动是指要集中力量为实现目标而努力，主要包括脑力、时间与精神等力量的集中。如果不把力量最大限度地集中到实现目标上，而是耗费在无谓的事务上，就不可能有效地实现目标。那么，要想保持有效、高效的行动，就要在日常学习和工作中，避免无益于目标的干扰，专心致志地为实现目标而努力奋斗。

二、大学生职业规划的调整

职业从来都不是一成不变的，人更是需要不断地提高和完善自己。因此，大学生需要在不断变动、发展的社会生活中学会适应，作出调整。

（一）职业规划调整的必然性

1.职业规划本身是一个动态的概念，需要不断根据内外界的变化作出调整

当今时代多变，一切因素都处在变化之中，职业规划不可能脱离实际。因此，大学生要根据内外环境的变化，及时对自己的职业规划进行调整，甚至很大的调整。比如在学校可能是转换专业，在职场可能是调换新的工作。所以，调整职业规划的时候，可以考虑准备多套实施方案，避免由于变化而使规划落空。

2.职业生涯的不同阶段会面临不同的挑战和机遇，需要进行调整使目标更切实可行

职业生涯目标是分阶段的，每个阶段都面临着很多不可预测的变化因素。从人们自身的角度来说，自己的兴趣可能发生改变，或者随着对自己

和就业市场认识的深入，发现了更适合自己的职业发展方向，因而要对原有规划进行调整。

3.职业规划的调整有利于实现自我价值的最大化

制定职业规划的最终目的是希望自己的能力得到最大限度的发挥，实现自我价值。随着知识、能力、经验、资历和自信心的增长，个人对自己的期望也会越来越高，因而会对自己的职业生涯提出更高的要求。更高的期望和要求就意味着更多的挑战，有利于自我实现和自我价值最大化。

（二）职业规划调整的步骤

1.职业规划的评估

职业规划评估可以参照各类短期、中期预定目标和实际结果间的差距进行修正。一般来说，职业规划的评估都可以归结为自我素质和行为对现实环境的适应性判断，分析现状，特别是针对环境的变化，找出偏差所在，并作出修正。主要的内容有：

（1）对最重要的内容作出评估。对职业规划的评估不必面面俱到，只要抓住一两个关键的目标和最主要的策略方案进行评估就可以了。在职业生涯的某一阶段，1～2年内，或者3～5年内，制定一个最主要的目标，其他目标都是指向这个核心的。因此，人们完全可以通过优先排序，重点评估那些可能达到这个核心目标的主要规划策略的实施效果。

（2）发掘最新需求。针对不断变化的内外环境，要善于发掘最新的趋势和情况。对于新的变化和需求，要确定怎样的策略才是最有效的。大学生职业生涯规划过程中，要善于根据外部环境的最新变化而制定出适当的策略，使自己的职业规划不脱离现实。

（3）发现自身劣势。在反馈评估过程中，要肯定自己的长处与取得的成绩，但是更重要的是切合变化的环境，发现自己的素质与策略的短处，进行修正，唯有如此，职业生涯才能有更大的发展空间。

一般而言，个人的劣势可能存在下列几个方面：①观念差距。观念陈旧往往会造成策略的失误，导致行动失败。因此，要不断检查自己的观念、更新自己的观念。②知识差距。要取得职业的成功，需要更加注重建立合理、科学的知识结构。③能力差距。环境在变化，对人的能力的要求也是在不断变化的。个人以前通过种种努力提高某些能力，但现在可能又会出现新的差距。另外，前一阶段是否坚持按计划措施来提高了能力、提高了多少、遇到什么困难等问题对以后都是一个重要的启发。④心理素质差距。一个人职业生涯的发展，首先是心理素质的成长过程。要不断加强心理素质锻炼，提高心理的适应力、承受力，树立良好的职业心态。

2. 职业规划的修正

（1）在职业规划的修正过程中应注意回答以下问题：

①你的人生价值是什么

②你有哪些技能和条件

③你最感兴趣的事情是什么

④你的人格特质是什么

⑤你是否好高骛远

⑥你建立了自己的就业信息网络吗

以上问题的答案将作为修正职业生涯与发展规划的参考依据。

（2）通过评估与修正，应该达到下列目的：

①对自己的强项充满自信

②对自己的发展机会有一个清楚的了解

③找出关键的有待改进之处，并为这些有待改进之处制定详细的行动改变计划

④以合适的方式答复那些给予反馈的人，并表示感谢

⑤实施行动计划，确保自己能够取得显著的进步和商业成就

大学生由于缺乏对社会环境、职业以及职业环境的亲身感受与了解，因此，其职业规划也就不可能在大学期间完全确定下来。再加上职业规划本身是一个持续动态的过程，有效的职业规划需要不断地反省修正职业生涯目标，反省策略方案是否恰当，以能适应环境的改变，同时可以作为大学生走上社会参加工作后或者下一轮职业规划的参考依据。

第三章 自我认知和定位——兴趣

第一节 兴趣与职业兴趣

一、兴趣

（一）兴趣的定义

兴趣是人们力求认识、掌握某种事物，并愿意经常参与该种活动的心理倾向。美国心理学教授米哈利通过 30 多年的研究发现，当人们专心致志地从事某种活动，甚至忘我地完全沉浸在这种活动中的时候，他们感到最为愉快和满足。米哈利将这种状态称为"flow"，做自己喜爱的事情，才能获得快乐。

（二）兴趣对职业选择的影响

1.兴趣是职业选择的重要参考因素

在求职过程中，人们常常以对某种职业是否有兴趣作为选择标准之一，特别是当今以追求个性、独立为目标的"00后"大学生们，在选择职业时更是将兴趣作为极其重要甚至是首要参考因素。他们深知，只有对某种职业发生兴趣时，才能调动整体积极性去学习该职业知识并不断思考与探索该职业，才能有动力去克服学习和探索过程中所遇到的困难。

2. 兴趣有利于充分发挥自身能力，提高工作效率

兴趣是最好的老师，它可以促使个人不断学习从而提高自身能力。同时，兴趣和能力的有机结合又有助于提高工作效率。有研究表明：一个人如果从事其所感兴趣的职业，那么他能发挥自身全部才能的80%～90%，并且能长时间保持高效率而不感到疲劳；如果从事其不感兴趣的职业，则只能发挥自身才能的20%～30%，并且容易产生职业倦怠。因此，大学生在择业的时候，应尽可能选择与自身兴趣相匹配的职业。

3. 兴趣有利于提高职业满意度和职业稳定

大学生如果能选择与自身兴趣相符合的职业，会使自己在工作中找到快乐和满足感。这种职业满足感会使其比较容易获得更高的职业满意度，而更高的职业满意度表明其对今后的职业生涯发展充满信心，这也就保证了其职业的长期性和稳定性。

二、职业兴趣

（一）职业兴趣的涵义

人们对于各种人、事、物的喜好具有一定的个体差异，在20世纪的初期，心理学家对此进行了研究，并且开始了对兴趣研究的测量工作。随着工业化大生产的不断推进，如何提高工人的生产效率，将合适的工人安排在适当的岗位成为时代的要求，心理学家在兴趣领域的研究也相应地转入对职业兴趣的研究。两次世界大战的爆发更是进一步推进了职业选拔测验的发展，此后职业兴趣的研究也逐渐成为兴趣研究领域的基本内容。

职业兴趣的研究是兴趣研究的一个重要分支，基于不同的兴趣理论对于职业兴趣有着不同的定义，被普遍认同的职业兴趣是，喜欢且持久的一种职业取向，是了解一个人职业和教育行为有用的工具。另一种较为普遍的定义是霍兰德的职业与环境匹配理论：职业兴趣和人格特质具有相同意义，是人格特质和工作环境的一致。

兴趣是一种重要的心理倾向，是在社会实践过程中形成并发展起来的客观需求，在形成过程中，个体的兴趣模式既受环境的影响，也取决于个

体自身各个方面的特点。职业兴趣是兴趣在职业选择活动方面的一种表现形式，当兴趣主要指向与职业有关的活动时就称之为职业兴趣，是职业的多样性、复杂性与就业人员的多样性相互作用之下所反映的特殊的心理倾向。多年来的研究表明，不同职业中的从业人士具有不同的兴趣。对于个人来说，兴趣是驱动他参与某些教育、职业、娱乐等活动的一种自发力量。如果一个人所从事的是其所喜爱的职业，那么他会做出较大的投入，追求良好的成就；反之，如果一个人所从事的并非其感兴趣的职业，那么他的动机较低落，在工作上也难得到满足感。与此同时，不同的个体有着不同广度的兴趣，有的人兴趣广泛而丰富，对一切事物都乐于探索和追求，而有的人兴趣单调及狭窄，只对为数不多的事物感兴趣。

（二）职业兴趣的分类

早期对于职业兴趣的分类与兴趣量表的编制方法有关，基本有两种分类：一种是由兴趣测验的题目划分，对应编制量表的同质性量表法；另一种是把内容相近的职业组合在一起，就是我们通常所说的"工、农、兵、商、学"，这种分类方法对应编制量表的经验性量表法。美国心理学家瑟斯顿是最早做职业分类的人，他将职业兴趣归为四个主要因素：科学（Science）、群众（People）、语言（Language）和商业（Business）。此后，根据研究目的不同，涌现出大量的对职业兴趣的分类方法。

霍兰德将职业兴趣分为6类：现实型（Realistic）、研究型（Investigative）、艺术型（Artistic）、社会型（Social）、企业型（Enterprising）和常规型（Conventional）。罗伊将各种职业分为8类：艺术与娱乐类（Arts and Entertainment）、服务类（Service）、商业类（Businesscontact）、组织类（Organization）、技术类（Technology）、户外类（Outdoor）、科学类（Science）、传统类（General Culture）。Super & Crites 把职业也分为8类：科学类（Science）、社会福利类（Social Welfare）、文学类（Literary）、材料类（Material）、系统类（Systematic）、社交类（Contact）、艺术表达类（Esthetic Expression）和艺术解释类（Esthetic Interpretation）。库德把所有职业分为10类，即户外类（Outdoor）、机

械类（Mechanical）、计算类（Computational）、科学类（Science）、说服类（Persuasive）、艺术类（Artistic）、文学类（Literary）、音乐类（Musical）、社会服务类（Social Service）、公务类（Conventional）。由上可见，不同的研究者对职业人群兴趣的分类其实是大同小异的。

第二节　职业兴趣与职业生涯规划

一、职业兴趣

职业兴趣是兴趣在职业方面的表现，是指人们对某种职业活动具有的比较稳定而持久的心理倾向，使人对某种职业优先注意，并心向往之。首先，兴趣是一种无形的动力。每个人都会对自己感兴趣的事物给予优先注意和进行积极的探索。比如，姚明对篮球有着强烈的兴趣，才会为篮球事业倾注热情及心力。其次，兴趣与投入是人生幸福感的来源，美国芝加哥心理学教授米哈伊的研究指出，人类喜欢休闲多于工作，这是一个没有争议的结论。但是真正令人感到幸福和满足不是在人们休闲的时候，而是当人们专心致志地从事某种活动，甚至忘我地完全沉浸在这种活动中的时候，才会感到最为愉快和满足。米哈伊的观点强调的是做自己喜爱的事情，才能获得快乐。而这，也正是工作的原本意义所在。

二、职业兴趣对职业生涯的影响

（一）兴趣是职业选择的重要依据

爱因斯坦说过："兴趣是最好的老师。"兴趣是一种强大的精神力量，可以使人集中精力去获得喜欢的职业知识，启迪智慧并创造性地开展工作。当一个人对某种职业产生兴趣时，他就能发挥整个身心的积极性；

就能积极地感知和关注该职业知识、动态，并且积极思考，大胆探索；就能情绪高涨、想象丰富；就能增强记忆效果，增强克服困难的意志。反之，很难会取得良好效果的，当然也就很难在该职业上发挥个人的优势、作出巨大贡献了。正像人们在日常生活中喜欢从事自己感兴趣的活动一样，具有一定兴趣类型的人群更倾向于寻找与此有关的职业，特别是在外界环境限制较小时，个人更倾向于选择自己感兴趣的职业。

（二）兴趣可以提高工作效率，充分发挥个人才能

一个人对某一方面的工作有兴趣时，枯燥的工作会变得丰富多彩、趣味无穷。兴趣使工作不再是一种负担，而是一种享受。因为兴趣可以调动人的全部精力，以敏锐的观察力、高度的注意力、深刻的思维和丰富的想象力投入工作，促进个人能力的发挥，兴趣和能力的结合会大大地提高工作效率。曾有人进行过研究：如果你从事自己感兴趣的职业，则能发挥你的全部才能的 80% ～ 90%，而且长时间保持高效率而不感到疲劳；若对所从事的工作没有兴趣，只能发挥你全部才能的 20% ～ 30%。

（三）兴趣是保证职业稳定、职场成功的重要因素

对某一职业有浓厚的兴趣，是智力开发的"孵化器"。兴趣是工作动力的主要源泉之一。对于一个人来说，对工作感兴趣，就愿意钻研，就容易做出成就——这正是兴趣的作用所在。一般来说，兴趣是职业生涯适应的一个基本方面，可以在选择职业生涯时提供有效的信息。兴趣主要用于预测个人的工作满意感和工作稳定性，工作满意是职业生涯适应的一大标志。在其他条件相似的情况下，从事自己感兴趣的职业不但容易让人感到满意，而且能够胜任工作岗位，并由此保持工作的长期性和稳定性。

（四）兴趣可以增强个人的职业适应性

多方面的兴趣可以使人增强应付多变环境的能力。如需变换工作，只要自己感兴趣，就能够很快地学会这门工作所需的技能，进而求职成功，并能够在新的岗位很快地熟悉和适应新的工作。因此，兴趣是职场成功的一个重要因素，它能将个人的潜能最大限度地调动起来，长期专注于某一

方向，做出艰苦的努力，取得令人注目的成绩。

职业兴趣是个体追求某种职业或从事某种职业的过程中表现出来的个性倾向。个人在选择长期、稳定的职业生涯时，不仅需要知道自己有能力从事什么样的工作，更重要的是需要知道自己对哪类工作感兴趣。职业兴趣可以使个体在选择职业的过程中优先选择某些职业，它能够在职业定位和职业选择中产生巨大的影响，有助于发掘智慧、潜力和提高工作效率。

三、大学生职业生涯的职业兴趣探索

（一）兴趣与生涯发展的关系

1. 兴趣与投入是人生幸福感的来源

研究表明：我们的满足感以及快乐通常是由自己所喜欢的活动带来的，例如，做自己喜欢的事情、从事自己感兴趣的工作等，我们能够获得更多的快乐。如果人们能够进入自己喜欢的工作之中，那么工作氛围将是非常的融洽，也更容易在工作中获得更多的快乐。很多研究数据表明，兴趣和工作的满意程度是成正比的，因为职业稳定性和职业的成就感之间存在非常紧密的联系。

2. 兴趣爱好探索类型

对于兴趣爱好的探索，实际上有很多综合性的类型，其中包含六种，分别为现实型、研究型、艺术型、社会型、经营型和事务型。要根据这些类型不断进行分析判断，找到合适、感兴趣的职业，才能够更好地进行一系列职业规划，并不断完善自我。

（1）具有现实型倾向的人

这种类型的人往往能够将身体机能进行协调的发展，操作性比较强，有谨慎细密的性格特征，能够更好地进行动手操作，但是不太喜欢与别人进行应酬，一般这种人对人际交往并不太感兴趣。

（2）具有研究型倾向的人

这种类型的人思维逻辑较强，能够更好地处理数理化问题，并且喜欢研究更加抽象的内容，对于这样的问题，学生往往有更加浓厚的兴趣。通过独立思考来对自己的研究进行分析，且喜欢从事创造性的工作，而不是枯操、单一的传统工作模式。

（3）具有艺术型倾向的人

这种类型的人对工作充满想象和自我表现，因为比较敏感，对待事物非常敏锐，善于发现并能够及时发现问题，思维比较活跃，适合于创造以及艺术类型的工作。例如舞蹈行业、主持行业等，都需要更好地凸显个人的表现能力和临场应变能力，同样有着强烈的要求标准。

（4）具有社会型倾向的人

这种类型的人喜欢以人为对象进行工作。他们的语言能力很强，善于沟通，但是数理统计的能力相对薄弱些。这类人很善于表达，人际交往能力很强，跟各种人都能很好地相处并沟通，愿意帮助别人，在此过程中表现出极大的热情和责任心。当工作中出现困难或者难以解决的问题时，会很好地发挥与人沟通的各项技能，通过正确处理人际关系来解决问题。比如：高校辅导员就是这类人的典型。

（5）具有经营型倾向的人

这种类型的人喜欢把工作和生活安排得井然有序，并且能够合理规划目标，并一步步执行下去。当职业规划与现实发生冲突的时候，能够更加有效、合理、快速地改变原先制定的规划，以实际情况为出发点，进行更好的规整，这种人具有强烈的自信并且精力充沛，对工作有高度的热情。

（6）具有事务型倾向的人

这种类型的人通常喜欢清晰、明确的工作内容，如果对于工作规划比较含糊不清、自由发挥的空间较大，那么他们对这种类型的工作并不太感兴趣。因为他们并不喜欢承担领导者的责任，而是喜欢习惯性地按照指令合理安排工作。但是在工作中，能够更加忠诚、负责、踏实地完成目标。这种类型的人在人际交往中并不太善于与他人进行沟通，而是喜欢脚踏实地，一步一个脚印地完成工作，且有很强的毅力和责任心。

总体来进行分析，很多人具备这六种类型中的其中两种或两种类型以上，能够根据自己的兴趣爱好，找到自己所感兴趣的职业，这是非常理想的。因此，大学生在进行职业生涯规划的时候，要明确目标，找到自己所感兴趣的职业类型，进行高度合理的匹配。只有当职业与兴趣共同存在的时候，才会有信心、有激情朝着职业方向不断前进。在自己感兴趣的领域上，不断地发展，即使遇到问题，也不会轻易放弃。

第三节　霍兰德职业指导思想

一、霍兰德职业指导思想的渊源

（一）个人成长积淀

霍兰德职业指导思想的形成与其自身的成长经历密切相关。首先，他的职业指导思想与兴趣相关，兴趣对于他教育理论的形成起着很大的驱使作用；其次，霍兰德在大学中修了心理学专业并获得博士学位，也就是说他有心理学专业背景作为基础；再次，霍兰德的人生经历也为他职业指导思想的形成打下了基础；最后，霍兰德思想的形成也源于其他思想家思想理论的启发。

1.个人兴趣驱使

霍兰德1919年10月21日出生于内布拉斯加州（Nebraska）的奥马哈（Omaha），他和两个兄弟姐妹一起在美国的中心地区长大。他们的父亲20岁时从伦敦移民过来，当过工人，在基督教青年会上夜校，最后成为一名成功的广告业主管。他们的母亲是一名小学教师。父母双方都很重视孩子教育的发展，让四个孩子都读完了大学。因为从小受到父母的教导，兄弟姐妹都有"显著的智力兴趣"，也就是都有善于学习的兴趣。因为霍兰德自己有善于学习的兴趣，所以后来才有可能对职业教育领域感兴趣，进而成为一名职业教育家。所以说，霍兰德与职业指导结缘，得益于其良好的家庭教育。霍兰德本人致力于帮助学生找到适合自己的职业，他写《选择一份职业》的初衷就是帮助学生做出选择。他曾这样写道："我写这本书是为了让学生在职业咨询指导中能够用上。"霍兰德自己希望能够在职业教育领域内发挥作用，其内心有想帮助他人的愿望，由此才能够为他未来的工作选择埋下伏笔。

2. 心理学专业背景保障

严密理论体系的提出需要专业的知识背景作为基础。教育学本身与心理学密不可分，而霍兰德的职业兴趣教育理论更是根据不同的性格特征来划分出相应的人格类型。如果没有雄厚的专业知识作为基础，他的理论体系很难形成。而霍兰德先后在奥马哈市立大学（Municipal University of Omaha）（现奥马哈大学）和明尼苏达大学（University of Minnesota）学习心理学，这无疑为他职业指导思想的形成提供了保障。

（1）与心理学结缘激发兴趣

霍兰德最先是在奥马哈市立大学与心理学领域结缘。在奥马哈市立大学中，他主修心理学、数学和法语专业，并于 1942 年毕业。可以说，霍兰德在修心理学专业的过程中逐步对心理学有了初步的了解。

而心理学之所以能够吸引霍兰德，是因为霍兰德在上大学期间正值青春期，所以难免会有忧虑和困惑。而心理学与人的心理发展密切相关，个人心理发展呈现出的现象可以在心理学理论中找到答案。从这个角度来说，心理学这个学科帮助霍兰德解决了许多青春期的忧虑，也让他在日常学习生活中产生的困惑得以解答，这使霍兰德进一步萌生了想运用心理学的知识去帮助他人解决人生困惑的想法，由此也促成了他的职业指导理论的形成。

当然，最重要的是，霍兰德对这一领域有着浓厚的兴趣。因为他发现即使自己在学期末结束之后仍然对心理学课程内容感兴趣。也就是说，他对心理学的兴趣不是一时兴起的，也不是单纯为了考试分数才被迫学习相应知识的，这就为进一步在此领域之中钻研提供了可能，也为他以后持续性的教育研究打下了基础。

（2）研读心理学博士学位

继在奥马哈市立大学主修心理学专业之后，霍兰德也没有放弃继续学习心理学，他在参加完服役之后，又在明尼苏达大学学习心理咨询（counseling psychology），攻读研究生学位。当时他面临了一个难题，那就是很难找到一个有趣的论文题目。但经过多种资料搜集以及多方面努力，他最终确定的论文方向主要与人格划分相关，这其中就涉及明尼苏达多项人格测试（Minnesota Multiphasic Personality Inventory）。虽然这一论文进展波折重重，并不顺利。但还是让他得到了一些经验，对人格测试方面的了解更为深入。他于1947年获得心理学硕士学位，1952年获得心理学博士学位。这无疑为他后面的工作生涯中进行教育指导咨询研究做好了铺垫。

在霍兰德学习期间，明尼苏达州的心理学崇尚"给我看证据"（show me the evidence），也就是说，当时大的环境更加强调的是用事实性的证据来支持结论，反对仅靠猜测假设来得到结论。可以说，霍兰德在明尼苏达大学学习的时候，受到了很多人的影响。其中影响最大的即为"对于一个问题的思考回答，是要以调查数据为支撑、以高标准的科学研究为基础，而不是仅仅依靠猜想的"。由此可见，霍兰德本人强调的是在数据的证明之下得到问题的结果，而不是以猜想思辨的形式去提出一个理论。所以霍兰德在明尼苏达大学求学时期，也就是说在他的学生时代中就受到了这种思想的影响。所以在他后来的职业指导及研究生时期，霍兰德一直强调用事实说话。无论是人格类型理论的提出还是职业测量表的设计，都是基于大量的实践数据支撑，而不是仅仅依靠猜想的。

不可否认，在一些专业领域，这种趋势是必要的，这也与经验主义（empiricism）盛行的趋势密不可分。经验主义强调感觉经验的重要意义，认为人的知识是来源于感觉经验的。其中经验主义著名代表人物，哲学家大卫·休谟就认为所有的学科都和人性有关，"即使数学、自然哲学和自然宗教，也都是在某种程度上依靠于人的科学"。也就是说，经验主义学者重视经验对人发展的重要意义。受此影响，霍兰德一直是一个"有效的经验研究者和心理学家"，他致力于将心理学研究的成果应用于职业指导领域的实践中，而不是就理论本身泛泛而谈，也就是说霍兰德研究的重点在于将心理学应用到教育实践中，从而为教育实践的发展作出贡献。

（二）多重思想启发

霍兰德职业指导思想涉及的领域知识较广，因此会受到其他思想的影响。而霍兰德本人也是一个善于学习的人，所以会吸收其他思想中有益的部分，以此来促成自己理论的发展。其中，对霍兰德影响最大的一是费格尔科学哲学思想，二是弗拉的一项经典实验。

1. 费格尔科学哲学思想呼应理论研究

有学者曾经明确指出，霍兰德职业指导思想的形成受到了"赫伯特·费格尔'科学哲学'（Philosophy of science）影响"，费格尔的科学哲学思想强调逻辑分析的重要意义，被誉为"明尼苏达时代精神的一种解毒剂"。也就是说，费格尔强调经验主义的重要性，认为所谓的理论知识，是要以实践的经验作为基础的，而这种经验"不是指简单的个别观察、直观印象或感觉材料，而是'经验的实验的规律'"。也就是说，费格尔主张在严谨实验的基础上完善理论体系，这与霍兰德从不同的实验调查数据出发，不断充实对自己理论的研究相互呼应。

费格尔认为："如果一门科学的理论不能用一些在逻辑上相应独立的假说加以陈述，那么这门科学就会处于非常困难的境地。"因为在费格尔看来，如果一个理论可以称之为成功，就会有严密的逻辑。霍兰德的理论基本上能够呈现出严密的逻辑架构，并且，"相较于其他人，他更加开放公正。费格尔的理论打消了霍兰德很多关于理论价值方面的疑虑"。由此可见，在费格尔的科学哲学思想影响下，霍兰德的职业指导思想更为严密化。

2. 弗拉经典实验促成六角兴趣模型生成

霍兰德起初关于职业类型学的模糊想法只是由于个人的经验，而这种想法后来能够进一步发展，也与伯特伦·弗拉密切相关。弗拉在 1948 年进行了一项经典实验，填补了一项关于"诊断兴趣空白"。在此实验中，弗拉对学生进行相应的人格测试，但是测试结束之后，他没有给测试打分，也没有给每个学生做单独的评估。而是给所有学生一份相同的分析，让学生自己进行分析解释。"在弗拉测试中，每个参与者在进行了一次人格测试后都会得到相同的人格特征。在认为这是一个个性化的印象下，大多数参与者认为'结果'是相当准确的。"也就是说，人们常常会认为某种笼统的人格描述能够准确揭示自己的特点。当用一些广泛的形容词来描述一个人的时候，人们往往很容易就找到上述那种描述与自己特征的契合点，从而认为文字描述的就是自己。20世纪50年代，美国心理学家保罗·米尔（Paul Everett Meehl）将弗拉的实验结果命名为"巴纳姆效应"（Barnum effect）。

"阅读弗拉的著作让霍兰德在斯特朗量表中将某些关于职业兴趣空白上的有趣的关键解释为个性的测量，并将这些解释归为技能行业、科学等常识性分类。"从某种程度上说，这些初步的解释孕育了霍兰德六种人格类型学的形成。

一开始，霍兰德尝试以"自我概念"（self-concept）为主题写一篇文章，但是并没有取得突破性进展。霍兰德在后来发现，如果将基本原理阐述出来解释清楚，那么就会形成相应的理论，即六角人格类型学，并成为六种环境模式的开端。除此之外，霍兰德在研究生课业中学习了美国心理学家默里和美国文化人格学派代表人物林顿的相关理论。默里和林顿都强调人格的形成并不是只受到人体内部孤立因素的影响，而是内部情感与外界环境交互作用的结果，以此在不同思想的不断碰撞中，霍兰德自己的职业指导理论体系也不断完善。

二、霍兰德职业指导思想的价值取向

（一）指导助力：兴趣在教育中的重要作用

1.工作之余的补充

霍兰德认为，兴趣可以作为学习和工作之余的补充，从而起到良好的调剂作用。因为霍兰德自己并不是一开始就想成为一名教育家，其实他从小就想成为一名音乐家，故从12岁到22岁一直在上钢琴课，但是每每在演奏会上总是表现不佳。即使霍兰德后来还在大学里专门学过一年的和声，但是也并未发掘到多少自己在音乐方面的潜力。

虽然霍兰德后来并没有成为一名音乐家，但是他自己却十分肯定其音乐的爱好是一种重要的补充。因为当 SDS 已经有一定的影响力，并让霍兰德获得了一些名利时，除了给自己添置一辆新车之外，最大的单笔花销就是购买了一架钢琴。霍兰德习惯于在上班前练习半个小时到一个小时的钢琴，并且也喜欢下班到家后再弹一会儿。"我有了一些情绪上的反应。弹钢琴从某种角度说真的给我带来了很多工作中没法带给我的事情。"对于霍兰德来说，兴趣所带来的是其他工作无法带来的东西，音乐作为一种很好的补充，让霍兰德在工作之余可以继续追寻自己的兴趣，从而让个人的生活更加丰富多彩。

从另一个角度来说，霍兰德没有一直坚持其音乐家的梦想非但与他对兴趣的坚持不矛盾，反而可以从侧面证明霍兰德对兴趣的坚持。因为有时候个人的兴趣所在并不一定是个人的擅长所在。而霍兰德就是看到了这一点，才会投身于自己擅长的领域，从而展现自己的特长。但是，即便是在工作之后，霍兰德也依然没有放弃自己的兴趣，而是将它作为工作之余的补充延续下去。另外，霍兰德在退休之后继续学习与音乐相关的东西，可谓是再一次系统延续了自己的兴趣，也就是说兴趣是贯穿在霍兰德一生的。

2. 身心放松的手段

霍兰德还认为，兴趣除了可以成为工作之余的补充，让个人的业余生活得到调剂，从而更好地从事其学习和工作之外，还提到了兴趣是一种身心放松的手段。因为霍兰德期望能够让包括自己在内的人获得幸福感和满足感，而这种情感可以通过兴趣获取。

霍兰德自己除了热爱音乐之外，还喜欢做一些手工艺品。他认为这些东西都能够让他合理运用闲暇时光并且使身心得到放松。"我从这些事情中得到满足，因为在这里我不需要任何人的协调，也不需要任何人的认可。"从这里也可以看出，霍兰德认为人的兴趣在人生中扮演着重要的角色。一方面，通过兴趣可以找到自己未来职业发展的方向，让自己未来找到一定的目标，寻求到适合自己的发展方向。另一方面，如果确实对某一项事情感兴趣，但是自己的能力却没法与之相互匹配，无法胜任该领域工作的话，也可以利用兴趣让自己的身心达到放松的状态。霍兰德就认为，兴趣是一种满足感的来源，可以让人们拥有一定的幸福感和获得感。人们可以以自己的兴趣为起点，做任何自己想做的事情，而不用去被动接受他人的认可，这是将兴趣作为一种业余爱好的价值所在。

3. 职业生涯的追寻

霍兰德教育思想的核心是和职业指导相关，他认为，兴趣除了是业余的补充和放松身心的手段之外，也在职业选择中起到了重要作用。虽然所感兴趣的领域不一定是擅长的领域，但是如果个人进入某一职业领域却对其丝毫不感兴趣的话，那么此项职业就不会是最适合其发展的职业。"人们寻求能够锻炼技术与能力、展示他们的态度与价值以及担负他们认可的问题与角色的环境。"而可以锻炼个人能力，且能够让个人的态度价值得以展现，还能得到个人认可的领域自然不可能是个人漠不关心的领域，相反会与兴趣存在着千丝万缕的联系。所以，兴趣可以作为职业生涯的追寻，个人可以以兴趣为参考，去选择真正适合自己的职业。

（1）寻找适合自己的兴趣

霍兰德自己在学校中主修心理学这个专业，而他也承认说很喜欢这个专业。并且他十分肯定自己的军事生涯对其理论发展的影响之大，"我的专业是心理学，我很喜欢这个专业。我自己本身也有从军的经验，并且在我的军旅生涯中，从事的就是与分类有关的工作。我敢肯定这些工作激发了我的兴趣。"也就是说，正是学校的学习经历和从事的工作实践，让霍兰德对职业指导产生了兴趣，所以他才可能成为一名优秀的职业教育指导家。

而如何才能够让个人的兴趣在职业生涯中发挥作用，便是霍兰德所要研究的关键所在。霍兰德认为，除了用他的职业兴趣量表直接测试出个人的兴趣之外，还可以用质性的方法，对其兴趣进行观察。"类型的特征分散在个人经验的方方面面。我们可以通过各种方式，去搜集经验中显著的类型。我们可以通过观察一个人的职业憧憬和他所专注学习的学科，以及他所从事的职业，从而推测他的生涯类型。用霍兰德所举的例子来说，如果一个人从小憧憬成为一个物理学家，将物理学设定为大学本科的专业，也如愿地进入大学就读物理系，毕了业也找到了相关岗位，最后成了物理学家，由此我们可以认定他的主要类型是'研究型'。这种认定方式，一方面参考了当事人的生活、学习与职业的兴趣，一方面也加入了其所从事的典型职业。在评估个人类型的维度上，职业名称是个很重要的指标。"

由上可知，个人的兴趣实际上是一个持续的过程，用上述霍兰德的例子来说，从小时候对物理的憧憬到长大之后成为一名物理学家，是一个顺理成章的过程。而从他最后真正成为一名物理学家之后，可以根据职业兴趣六角模型，推断出他属于研究型人格。这是个人兴趣与相应的职业环境匹配的表现，所以，个人应当找到适合自己的兴趣，从而在与自己兴趣相匹配的职业环境中工作，由此便做出了正确的职业选择。

（2）多重兴趣并行不矛盾

根据霍兰德的六角模型之间的位置关系，从其一致性程度划分可知其中有相邻、相隔、相间三种关系。而测出不同的兴趣类型，无论在六角模型上的位置是怎么样的，其实都并不矛盾。举例来说，如果测出一个人的代码为RSE的性格类型属于传统型、社会型和企业型，而这三种人格类型在六角模型中的位置相对较远，也就是其一致性程度很低。而如果一个人同时具有这三种人格类型，实际上也并不矛盾。因为这只能说明这个人对传统型、社会型、企业型的工作都感兴趣，而拥有多重兴趣对于一个人的发展来说并不是坏事。从这个角度上讲，霍兰德认为，多重兴趣对个人的发展来说是并行不悖的。

"第一，当个人发现职业环境类型与自己的职业人格类型相似时，职业环境起强化和满足作用，有助于行为的稳定性，因为个人会收到大量自身行为的选择性增强信息。第二，不适合的相互作用刺激个人的行为变化。人们倾向于变化或在环境中变成主导性的人。这种趋势越大，则个人与环境之间的适合度就越大。第三，个人通过寻找新的和适合的职业环境，或通过改变个人行为和认知来解决不适合。第四，职业人格和环境类型之间的双向互动性通过一系列的成功和满足而得到循环。"

由此可见，个人都希望找到符合自己兴趣的工作，只有在这样的情况下，个人和环境才能够得到契合。而拥有多重兴趣恰好说明个人可以适应多方面的环境，所以其职业人格和环境之间的双向互动可以更好地得到满足，从而实现良好的环境。从这个角度上说，拥有多重兴趣的人可以更加稳定地在其所存在的职业环境中生存，从而实现自己的价值。

（二）指导前提：了解受指导者的个性特征

1. 倾听受指导者的内心诉求

（1）分析受指导者的真实需要。霍兰德认为，在进行职业教育指导之前，应当首先去分析受指导者的真实需要。也就是说，不同的人选择接受职业教育指导的目的是不同的。作为一名合格的职业教育指导者，应当去发现不同受指导者的真实目的是什么。只有准确抓住受指导者的内心诉求，分析他们的真实需要，才有可能进行合适的职业教育指导。

举例来说，霍兰德从职业指导中得出这样一种经验，即大多数受指导者希望在短时间内得到有效的职业教育指导，进而解决其职业选择上的困惑。所以如果面对这样的受指导者，那么所需要做的就是帮助他们快速分析出其职业选择上的困惑，满足其职业选择的需要。

霍兰德在其多年的职业教育指导生涯中发现这样一件有意思的事情：那些在职业选择上有较大问题的人可能会需要更长的时间来接受指导。霍兰德由此开始评估受指导者所遇到的就业困难程度。也就是说根据个人所需职业指导程度，判断其接受职业教育指导的长短。也就是说，霍兰德根据自己多年从事职业教育指导的经验，把那些需要安慰的人和那些有真正困难的人区分开来，这无疑是分析受指导者真实想法的需要。

（2）利用兴趣量表辅助指导。霍兰德始终认为，做出自己的职业选择并按计划行事，将有助于未来的职业发展。比如兴趣量表可以帮助很多人去解决一些关于职业教育的问题或者困难。即便无法通过测量准确预测到个人未来职业的发展，至少可以让受指导者有个大致的心理预期，进而让他放心。人们在日常生活之中，或许会忽略掉一些可能的职业选择，因此限制了自己的职业发展。而通过量表进行测量，而后通过相应职位的对照，可以让人发现自己之前可能没有想过要从事的职业。也就是说，通过比照，一些曾经可能被忽视的可替代职业便可以呈现在眼前。从这个角度出发，可以将兴趣量表当作一种工具，在这种工具的使用下，人们可以更加深入地了解自己的生活，甚至是更加全面地掌握自己的生活。也就是说，兴趣量表实际上是一种辅助，更多的还是让受指导者知道自己想要做什么。再进行在了解其个性特征的基础上，相应的职业指导无疑可以事半功倍。

对于教育者来说，兴趣量表所充当的不仅仅是职业诊断工具，更是一种教育指导工具。霍兰德曾经举例，不论在工作场所还是在非工作场所，兴趣量表都可以帮助受指导者更加充分地了解自己究竟喜欢何种职业，自己是否有能力胜任自己的职业，自己对未来的职业有什么样的评估等问题。也就是说，在工作场所中，兴趣量表是一种可以被用于进行职业诊断的工具，让受指导者通过量表的测量，看看自己与现如今的工作是否相符，而后为未来的职业发展做出相应的规划；在非工作场所中，兴趣量表更多的是倾向于一种职业规划教育工具，其目的是让受指导者更加明确自己未来走上职业岗位之后的发展方向，为未来的职业发展做好准备。

霍兰德认为，个人都自己的职业愿望，或者说是职业理想，而利用兴趣量表等工具可以为职业指导提供一定的科学参考。将两者结合起来，就可以较为精准地预见未来的职业发展方向。而霍兰德明确谈到这种预测的准确度还是十分之大的，可以达到75%～80%之间。由此一方面可以体现出霍兰德对其量表的自信；另一方面也确实反映出利用量表进行辅助指导的准确性和有效性。甚至霍兰德认为，受指导者们能告诉兴趣量表的内容甚至比能告诉霍兰德自己的还要多。所以利用兴趣量表进行测量，可以大大提升工作效率。也就是说，教育指导者在进行相应的指导时，重要的不是跟受指导者说兴趣量表中有什么，而是让他们自己说出自己想要什么。不同的人对其职业拥有不同的诉求，而霍兰德所认为的教育指导者应当做的就是去发掘出这种诉求。

2.遵循受指导者的个人意愿

霍兰德并不是直接给受指导者答案，而是让受指导者自己进行职业选择。且他不拘泥于量表数据，而是根据受指导者的实际情况来判断。

（1）提供信息让受指导者自己选择。尊重受指导者个人意愿的一项重要表现是让他们自己进行相应的职业选择，而职业教育指导者所应当做的，就是给受指导者提供相应可供参考的信息，由此霍兰德认为自己"定位与农业专家对树木和植物的态度相似"。他认为，人们不需要告诉树木如何去当好一个树木，只需要给予这些树木充足的肥料和水分，这些树木即可自动茁壮成长。对于一个职业教育指导家来说也应该如此，没有必要告诉受指导者要成为什么样的人，也没有必要给他们指明某条未来职业特定的发展道路。所应该做的就是提供一种能够激发受指导者自主学习、自主感受以及自我决定的环境。在这种环境之下，向他们提供自己所指导的信息，并支持其自我探索表达，从而让他们自己决定自己未来的发展道路，做出适合自己人生的职业选择。霍兰德特别强调，应当给予受指导者充分的鼓励肯定，让他们知晓相应的职业指导信息，并积极组织对自己未来职业的思考，在此基础上自主进行职业选择。

（2）不拘泥于量表的测试结果。当人们来霍兰德这里期望寻求职业方面的指导之时，霍兰德通常并不会跟这些寻求指导的人聊太久。"那些人听说 SDS 可能会帮助他们进行职业选择，所以会来找我，希望寻求我的职业指导帮助。但是我并不会跟他们聊太久，也不在乎他们怎样去使用 SDS。虽然当遇到陷入到巨大麻烦之中或者极其失落的人时，我也会听他们说上一小时。"

由上可见，霍兰德倡导的职业指导方式是一种启发性质的引导，霍兰德希望那些受他职业指导的人能够自己去做决定。如果遇到 SDS 所测试的结果与其职业目标并不匹配的情况，霍兰德甚至会告诉受指导者 SDS 并不是对每个人都能起作用的。那么遇到这种测量结果不一致的情况，霍兰德通常会让受指导者表达自己的想法，让他们自己理清楚自己究竟适合何种职业。如果 SDS 里没有涵盖受指导者所期望的那种兴趣或职业时，霍兰德会明确告诉他们 SDS 可能并不适用这种职业兴趣。所以在此情况下，受指导者可能会选择另外的替代方案。霍兰德自己也承认，SDS 无法提供一个囊括一切的范式。但是虽然如此，霍兰德却可以在与受指导者对话的过程中了解其对职业的要求，由此获得相应的线索。而后霍兰德所要做的，就是从这些给定的线索出发，了解受指导者的真实想法，进而找到受指导者与 SDS 之间的连接点。从这些连接点出发，便可以将 SDS 与特定人员的生活充分联系起来。

（三）指导原则：大道至简，促使职业指导高效化

霍兰德的理论相对改变了对待兴趣评估、职业决策、培训和就业的方式。他认为，一个有用的理论被广泛引用的标准之一是吝啬，这里的吝啬实际上可以被理解为一种简化。然而，许多理论都是复杂的，并常常用难以理解的语言来使其进一步繁琐化。霍兰德的理论是简化的典范，与此同时，他的理论也对人们选择职业的方式产生了巨大的影响。

1.简化理论结构，完善六角模型

在霍兰德职业兴趣六角模型理论提出之前，心理学界关于人格特质方面的理论已经提出，但是对于人格特质具体的分类始终众说纷纭，没有达成一致。比如美国心理学家，人格特质理论创始人阿尔波特认为，人的特质即为人特定的一种心理结构，这是"一种概括化和聚焦化的神经心理系统，它具有使许多刺激在技能上等值的能力，具有激发和引导适应性和表现性行为一致的形式"。也就是说，特质可以主动引导和激发人的行为，从而让人的行为具有指向性。阿尔波特依此将特质分类区分为首要特质（cardinal trait）、中心特质（central trait）和次要特质（secondary trait）。

著名心理学家卡特尔认为，人具有一种根源特质（source trait），这种根源特质是"行为之间产生一种关联，会一起变动，从而形成单一的、独立的人格维度"。可以说，这种根源特质是人格的重要组成部分，而后，卡特尔等心理学家同时一起，经过多年对不同年龄和背景的人的测量研究，而后又经过数据搜集和证明研究，最终确定了最基本的十六种根源特质，也就是将人格分成了十六种基本类型。

英国心理学家艾森克指明，特质具有持久稳定的特质，"当这些特质群聚在一起时便组成一些类型"。由此他划分了基本的人格维度（personality dimension），即外倾性—内倾性（extraversion-introversion）、神经性—稳定性（neuroticism-stability）、精神性—超我

机能（psychoticism-superego functioning）。

而霍兰德可谓是综合了多位心理学家的观点，在综合分析的基础上，将其人格类型简化为六种。这一方面是精简的表现，另一方面表现了霍兰德理论的成熟化。霍兰德自己也说："与其他职业指导理论相比，我的理论是一个满足性的理论。我理论的前提是假设人们期望目标的达成，希望能在自己从事的职业领域中施展才干。"也就是说，霍兰德用最少的理论描述表达了最实用的职业教育指导。

实际上，霍兰德的职业指导理论自 1959 年提出起，就不断地进行修改，修订改革之后的理论相对来说更加完善化，对概念的定义也更加清晰没有歧义。用霍兰德的话说，它更加"接近于一个理论应该有的品质……公理的陈述和理论的结构更为清晰，假设和交互作用都更清晰"。霍兰德用"电话簿"巧做比喻，认为理论和电话簿的区别在于，电话簿只是一个单纯的列表，而理论却远不止单纯的罗列，其内部的文字是有其内在关联且有意义的。霍兰德所要做的，就是用最简单的方式，将"电话簿"无意义的数字排列成有意义的理论结构。霍兰德认为："每个理论都应该有一个'微积分'。"他这里的微积分具体是指一个用来组织概念的模型或者说是数学公式，用这个微积分将理论的关键点捆绑在一起，从而使理论达到整体性的可使用的效果。霍兰德的职业兴趣六角模型实际上就是他的理论的"微积分"，因为这种模型即为人与环境之间的相互架构，也定义了人与环境之间的相互作用以及适应性和一致性的概念，由此做到六角模型完善化。

2. 简化指导目的，注重工作实效

霍兰德认为，作为一名职业教育指导者，所应当做的就是为他人提供切实有效的职业教育指导，所以职业教育指导的目的只有一个，即让个人选择好其满意的职业，从而让指导工作落到实效。霍兰德在其军事、研究生涯和应用工作经历中实现了几个职业目标：组织职业信息，使咨询评估与职业明确相关，开发一个评分系统，允许在完成评分后立即将结果返回给测试用户，并提供一个易于记忆和向客户传达的职业分类系统。霍兰德是一位科学家，他开发了合适的职业教育指导工具，让受指导者切实受益，赢得了广泛的荣誉。然而，对于霍兰德来说，比赢得自己的专业赞誉更重要的是，他十分在意自己的工作是否真正对那些其他需要进行职业教育指导的人起到了帮助作用。

（1）切入指导中心，进行有效谈话。霍兰德不仅仅是一位职业指导理论家，还是一名职业指导实践者。曾经维拉诺瓦大学从事职业指导方面的维纳赫教授对霍兰德进行了一次采访。他充分肯定霍兰德的职业教育指导能力，认为"如果我在自己职业选择上有什么问题，霍兰德一定是我第一个要去咨询的人"。霍兰德还是一名善于沟通的人，当与维纳赫进行采访的时候，他还能充分利用自己的幽默感。一方面切入话题，与自己的理论相互关联；另一方面缓解紧张的气氛。比如他和维纳赫说："我们能相处得如此之好的原因是，我们都拥有艺术型人格。"由此可见，霍兰德十分善于分析个人的性格特征，也能够巧妙地运用理论总结个人的人格类型。与此同时，霍兰德还能够根据个性的不同，用适合的言语拉近与谈话者的距离。霍兰德在平时的职业教育指导中，能够细致入微地观察受指导者的个性特征，从而找到与受指导者之间的共同话题，进而以此为切入点，进行有效的职业教育指导。

马修森（Robert H. Mathewson）在其著作《指导政策实践》（*Guidance Policy and Practice*）中明确指出所谓指导应该"帮助学生了解自我与周围环境"并且是伴随着学生成长发展过程的。马修森吸收了当时关于人发展阶段的理论成果，认为教师并非单纯扮演着观察者的角色，而应根据学生自身的变化和周围发展环境的变化，积极对学生进行相应的指导，让学生了解自我并且找到适合自身发展的道路。霍兰德的做法充分反映了其作为一名职业教育指导者的优秀品质，根据受指导者的特质，分析他们自身和环境的特点，积极进行职业教育指导。

（2）注重指导价值，检验理论成效。霍兰德是一位具有实践精神的教育指导家，他认为理论的价值性大小在于人们对于该理论使用的多少。"如果一个理论是有价值的，人们就会使用它。相反，如果人们没有使用该理论，那么就证明这个理论毫无价值所在。"所以，在霍兰德六角模型理论及其量表初具影响力之后，权威机构就为测量者提供相关霍兰德理论的测量反馈，来检验霍兰德理论的有效性和准确性。霍兰德十分开心有这样的检验，他认为这就是一种理论对另一种理论合理性的检验。与此同时，其他出版商也纷纷基于不同的目的，应用霍兰德的六角模型理论。霍兰德认为，对于他六角模型理论多领域的应用恰恰是其理论有价值的体现。

最后，值得一提的是，在霍兰德的办公室里，除了教师办公室应该有的东西之外，还有几张图片和一张在澳大利亚拍摄的照片，照片上他和一只袋鼠似乎看着一份 SDS。他桌子上还摆着五颜六色的石头以及自己做的木质手工作品，这一切都说明了他极具艺术型人格。此外，霍兰德还有雅马哈音乐会大钢琴，这与他年轻的时候想成为音乐家的理想相契合。有时当工作不顺利之时，霍兰德会早早回家进行钢琴的弹奏。从他办公室呈现出的状态可以看出，霍兰德个人生活是崇尚简约的，这也与他的理论中所提倡的观点相互适应。

（四）指导重点：顺应时代变化，提供有效指导

霍兰德认为，当今世界也是不断发展的，所以职业教育指导家在为受指导者提供相应职业咨询的时候可能会存在一些新的问题。但是霍兰德却明确指出，这些问题与之前的问题并没有本质上的不同。所有的区别是，现在的时代处在不断的发展进步过程中，就业市场相比之前可能会有更多的不确定性，但是从另一方面来说，也会有更多的人拥有就业机会。从这个角度出发，人们需要有更清晰的职业认同感，掌握更多的人际交往能力，这样他们才能应对新的情况和新的人。

1.发掘个体内心认同感

霍兰德会根据个人在职业指导方面出现的具体问题来寻求解决之道，从而为个人提供具有针对性的职业教育指导，进而影响个人未来的职业发展。所以，随着霍兰德职业指导的深入，他逐渐发现可以将受指导者分为两类，即"没有决定职业发展"（undecided）的人和"不会决定职业发展"（indecisive）的人。霍兰德认为，"没有决定职业发展"的人是暂时没有决定自己未来的职业发展方向，并不是不会去决定这个事情；而"不会

决定职业发展"的人是真的不会进行职业选择，所以这是两种完全不同的情况。而如果将这两个概念混淆的话，可能达不到应有的职业指导成效。因此，霍兰德认为应当去重点研究"不会决定职业发展"的人，提升其职业认同感，从而让其能够得到合理的职业指导。

（1）尊重试探性职业选择

霍兰德对学生是否真的没有做出决定秉承谨慎的态度，他曾明确指出："不能只凭那些学生跟我说自己不会决定，就认为他们真的不会决定了。"因为对很多学生而言，他们可能内心里已经有一些模糊的想法，只不过没有表达出来，或者说连他们自己都不知道自己内心中有这样的想法。因而对职业教育指导家来说，所需要做的即帮助受指导者发掘他们的内心所想，进而让他们做出一些职业选择。所以，霍兰德在给别人做职业教育咨询时，首先会试着与他们沟通，看看他们是否已经有一些试探性的选择（tentative choices）。霍兰德在多次职业教育指导中得出了这样一种经验：大多数"不会做出决定"的人其实内心里还是会有一些试探性的选择的。而对于这些人来说，他们所希望的是指导教育者肯定他们的选择。

（2）营造轻松的指导氛围

霍兰德认为，良好的职业教育指导一定是在轻松愉快的氛围中产生的。如果将受指导者定义为进行心理咨询的话，"他们会感觉到不舒服，因为他们被告知要去做一个心理咨询，这就仿佛是一个考试一样"。所以霍兰德并不希望自己的职业教育指导在一个很严肃的氛围内进行，霍兰德倾向于鼓励受指导者自己去探索他们内心渴望的目标，并积极寻找与特定目标相关联的其他目标，探寻每一项可能的选择。也就是说，霍兰德并不希望提供一种标准化的心理咨询治疗，他所要做的就是在与受指导者沟通过程中逐步解决他们内心的困惑。

因此，从这个角度出发，霍兰德针对那些"不会决定职业发展"的人做了调查研究，最终得出这样一种结论：有些受指导者不仅是"没有做出职业选择"，他们还"不会做出职业选择"。以此出发，霍兰德将这类群体定义为"对自己的决策能力、能力和自知之明表示不满和怀疑"。对于这类群体来说，应当为其提供必要的职业指导。因此，霍兰德专门对此类群体进行研究，他自 1975 年起，开发并测试了一个职业认同量表用于诊断出现这种模式的人。专门量表的开发一方面体现出了霍兰德对此的重视程度，另一方面也表现出霍兰德的研究确实会对这部分群体产生影响。因为这部分群体可以以专门的量表为依托，对自己进行相应的诊断并明确问题所在。之后便可以对症下药，着实解决自己"不会决定"的难题。

总体而言，霍兰德希望做到的是帮助人们进行职业选择，如何让那些"不会决定职业发展"的人明确自己未来的发展方向，并切实做出职业选择便是霍兰德需要解决的问题。而霍兰德的研究恰好可以帮助这部分群体做出职业选择，提升自己的职业身份认同，由此便对这部分群体产生了深远的影响。而霍兰德也以此为契机进一步研究关于职业身份认同的问题。因为之后"由于越来越多的证据表明，这种对职业身份的认同的直接评估，在理解职业人格方面是有用的，霍兰德在 1985 年对其理论的修订中将职业认同作为一个次要概念。第一个完整的职业认同量表在期刊文章中被引用了 55 次，随后发展的证据表明，该量表作为解决职业决策困难的标志具有实质性的有效性、职业幸福感，以及可能的援助需求。"由此可见，霍兰德对于职业身份认同的研究为部分职业决策困难的人提供了工具上的辅助，因此会切实提高有效决策率，进而提升了他们的职业幸福感。从这个角度出发，霍兰德对受指导者的人生影响是巨大的，因为他扮演的角色并不仅仅是教育实践家，还是一名教育理论的研究者。在个人向霍兰德进行职业教育咨询时，霍兰德会为他们提供相应的职业指导，从而当好一名教育者。当在教育实践中遇到相应的困惑时，霍兰德会致力于理论方面的研究，着力寻求问题的解决之道。而霍兰德对于教育理论的研究会在无形之中对其他教育家产生影响，由此促进教育实践和理论向前迈进。

2. 发挥职业指导研究实践效力

（1）破而后立，促进理论建设

霍兰德认为，对于一个理论的认可程度取决于评论者本身的认识程度。霍兰德的职业教育指导理论并不是一个固定化的范式，而是更多地依据个人的不同特点来对应进行职业教育指导的。甚至霍兰德也认为自己的量表并不一定适用于所有的人，进一步说，霍兰德自发行量表之后也没有停止自己的研究，而是根据新的调查数据等证据不断地补充修正自己的量表、不断地完善发展自己的理论。因此，可以说霍兰德的理论是一种发展性的。而对于结构化的理论来说，更多地像一种固定化的模式，而个人扮演的角色是适应这个理论，而不是彰显自己的个性特征。霍兰德这里结构化的理论本身是不变的，而不断变化的个人却要去适应固定化的理论，这在霍兰德看来显然是并不恰当的，所以，霍兰德所要做的就是打破前人理论不合适的地方，促成理论建设达到相应的高度。

此外，霍兰德喜欢抓住一切可以和人讨论的机会，来让自己的理论完善化。甚至也会和他的妻子埃尔西讨论。霍兰德经常和她探讨与社会实际问题相关的问题，由此加深自己的认识。从这里也可以看出，霍兰德倾向于向不同的人请教。这也符合霍兰德的教育理念，霍兰德从不认为一个人可以独断专行，尤其是对于教育这个领域而言，所面对的是人这种复杂个体，本身就该是从多方面权衡的。霍兰德善于从多个角度去分析个人的实际情况，从而为个人未来的发展提供合乎实际的指导。

（2）思而后发，加强指导实践

霍兰德的类型理论提供了一个重要的生涯辅导理念，即把个人特质和适合这种特质的工作联结起来。生涯辅导强调生涯探索，对自我能力、兴趣、价值以及工作世界的探索，霍兰德巧妙地拉近了自我和工作世界之间的距离。借助霍兰德职业代码的协助，当事人能有系统、有所依据地在一个特定的职业群里，进行探索的行动。

也就是说，霍兰德所要做的，就是找到个人特质和适合这种特质的工作联结起来的方法，从而拉近自我和工作之间的距离，进而促成指导实践的开展。而霍兰德希望的不是一个固定不变的结构化程式，而是一种发展过程导向的理论实践。运用这种实践方法，可以切实对人进行合理有效的指导。霍兰德所倾向的是一种综合性质的实践指导方法，而不是那种让受指导者被动适应的理论，也不是一成不变的实践方法。霍兰德希望人不论在什么年纪，都可以借用职业教育测量工具去分析自己到底是谁、想做什么工作。与此同时分析职业环境的特色，为个人寻求可替代的职业方案，进而实现人职匹配。霍兰德致力于在结构性理论和过程性理论之间找到一个平衡点，让自己的理论在适应个性发展的同时可以得到进一步的发展。

三、霍兰德的职业兴趣类型理论

美国著名心理学家、职业指导专家约翰·霍兰德自 20 世纪 70 年代以来，提出了具有广泛社会影响的"个性工作适应性理论"，以及一系列的研究假设。他认为，人的人格类型、兴趣与职业密切相关，兴趣是人们活动的巨大动力，凡是具有职业兴趣的职业，都可以提高人们的积极性，促使人们积极、愉快地从事该职业，且职业兴趣与人格之间存在很高的相关性。霍兰德认为人格可分为现实型、研究型、艺术型、社会型、企业型和常规型 6 种类型，如图 3-1 所示。

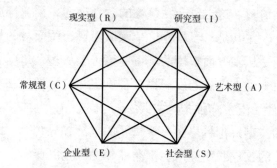

图 3-1　霍兰德人格六角形模型

如表 3-1 所示为 6 种类型的劳动者及与其相适应的职业对照。

表3-1 霍兰德职业兴趣类型表

类型	特点	职业
现实型（R）	1. 愿意使用工具，从事操作性工作，喜欢独立做事； 2. 动手能力强，做事手脚灵活，动作协调； 3. 不善言辞，不善交际，谦虚。	主要是指各种工程技术工作、农业工作：要求具备机械方面才能、体力或从事与物件、机器、工具、运动器材、植物、动物相关的职业。具体职业：工程师、技术员、机械操作工人、维修工人、安装工人、矿工、木工、电工、鞋匠、司机、测绘员、描图员、农民、牧民、渔民等
研究型（I）	1. 抽象思维能力强，求知欲强，勤动脑，善思考，不愿动手； 2. 喜欢独立的和富有创造性的工作，考虑问题理性，做事喜欢精确，喜欢逻辑分析和推理； 3. 知识渊博，有学识才能，不善于领导他人	主要是指科学研究和科学实验工作。具体职业：自然科学和社会科学方面的研究人员、专家；化学、冶金、电子、无线电、电视、飞机等方面的工程师或技术人员、计算机编程人员、医生、系统分析员等
艺术型（A）	1. 有创造力，乐于创造新颖、与众不同的成果，渴望表现自己的个性； 2. 做事理想化，追求完美，不重实际； 3. 有一定的艺术才能和个性，善于表达、怀旧，心态较为复杂	主要是指各类艺术创作工作。具体职业：演员、导演、艺术设计师、雕刻家、建筑师、摄影家、广告制作人、歌唱家、作曲家、乐队指挥、小说家、诗人、剧作家等。
社会型（S）	1. 喜欢与人交往、不断结交新的朋友、善言谈、愿意教导别人； 2. 喜欢参与解决人们共同关心的社会问题，渴望发挥自己的社会作用； 3. 比较看重社会义务和社会道德	主要是指各种直接为他人服务的工作，如医疗服务、教育服务、生活服务等。具体职业：教师、保育员、行政人员、医护人员、衣/食/住/行服务行业的经理、管理人员、服务人员和福利人员等

续表

类型	特点	职业
企业型（E）	1. 精力充沛、自信、善交际，具有领导才能； 2. 敢冒风险，有野心、抱负； 3. 看重权力、地位和物质财富。	主要是指那些组织与影响他人共同完成组织目标的工作。具体职业：企业家、职业经理人、政府官员、商人、行业部门和单位的领导者、管理者等
常规型（C）	1. 尊重权威和规章制度，喜欢按计划做事，细心，有条理；习惯接受他人的指挥和领导； 2. 不喜欢冒险和竞争； 3. 工作踏实，忠诚可靠，遵守纪律。	主要是指与文件档案、图书资料、统计报表等相关的各类科室工作。具体职业：秘书、办公室人员、记事员、会计、行政助理、图书馆管理员、出纳员、打字员、投资分析员等

第四章　自我认知和定位——性格

第一节　性格与职业性格

一、性格

（一）性格的定义

每个人都有各自的性格，而且性格是独一无二的。性格也称人格特质，我国心理学界一般将性格定义为人对现实的稳定态度以及与之相适应的习惯化的行为方式。

我们在评价自己或他人时，通过使用诸如内向、外向、活泼、乐观、文静、急躁等词语，来描述人的性格特点。通常来说，性格的形成受到遗传、生理、文化、生活环境、家庭教育、学习经验等因素的影响，因此具有很强的可塑性。

性格是指一个人在先天生理素质的基础上，在社会实践活动过程中和不同环境的影响下逐渐形成的比较稳定的心理特征。不同人的性格会有一定差别，有的人大刀阔斧；有的人和风细雨；有的人乐观积极；有的人消极悲观；有的人坚定执着；有的人柔软脆弱。不同职业对于工作者职业性格的要求也有较大不同，例如，营销服务类的工作要求从业者热情开放、积极乐观，有较强的开拓精神；科学研究类的工作则要求从业者沉稳内敛、严谨求实，一丝不苟地工作；行政事务类的工作要求从业者按部就班、循规蹈矩，百分之百地执行规程；创造开发类的工作则要求从业者勇于开拓、大胆创新，具有突破性思维；艺术表演类的工作要求从业者细腻敏感、乐于表现，具有较强的感知力和表现力；工程技术类的工作则要求从业者踏实肯干、责任心强，具有较强的逻辑性和执行力。

（二）性格对职业选择的影响

每种职业都要求从业者具有与工作相适应的职业性格。如果职业要求与自己的性格相适应，使我们能够在其中发挥自己的优势和长处，那么我们会很自信，容易获得工作满足感和成就感；相反，如果职业要求与自己的性格不适应，我们会感到不舒服，容易影响工作效率，不易在职业生涯中有大的发展。因此，我们更倾向于选择与自己性格相适应的职业。

如果个人性格与工作岗位匹配程度较高，比如严谨内敛的人从事科研类工作或乐于表现的人从事艺术类工作，则工作者对工作往往乐于投入、得心应手，工作中心情很好，个人对职业的满意度高，能愉快且高效地完成自己的工作，职业道路一般会较为顺畅，很快实现自己规划的职业目标。如果这个人性格与工作岗位匹配程度较低，比如细腻敏感的人从事工程类工作，或大胆创新的人从事行政类工作，则工作者在工作中的心情和个人满意度也往往较差，对工作任务可能会产生不满和反感，工作中往往会感受到莫名的压力和焦虑，不容易体会到成就感，比较难以完成自己的工作职责，职业道路可能会较为艰难，相对难以实现自己规划的职业生涯。

性格没有好坏对错之分，每种性格都有其优势和劣势。学会认识自己的性格，并了解与之相适应的职业，能帮助我们做出适合自己发展的职业选择。性格与职业相互适配，可以使我们更容易成为有效率的工作者，从而获得职业生涯的成功。

二、职业性格

职业性格是指人们在长期特定的职业生活中所形成的与职业相联系的、稳定的心理特征。每种职业的工作内容、工作方式、服务对象、社会责任都不同，这就决定了不同的职业需要不同的职业性格。虽然每个人的性格都不可能完全适合某项职业，但却可以根据自己的职业倾向来培养、发展相应的职业性格。

如果一个人从事的职业与他的性格相匹配，并且具备相应的能力，工作起来就会驾轻就熟，心情愉悦，具有较高的工作满意度，相对容易完成工作绩效，取得职业的成功，进而实现规划的职业目标。如果性格与职业不相匹配，性格就会不利于有效完成工作，容易使从业者感到精神压力大，情绪沮丧，不容易取得职业的成功。职业选择是一个人能力的选择，也是性格的选择。个人的性格与职业之间的匹配是完成工作任务、达成职业目标、获取职业成就的基础。在个人的职业生涯中，知识、技能、经验固然重要，充分识别和挖掘自身的职业性格，实现职业性格与职业需求之间的匹配，最大限度地发挥自身潜能，才是确保职业可持续发展和实现规划的职业目标的决定性因素。

第二节　职业性格与职业生涯规划

一、性格对职业选择的影响

职业心理学研究表明，性格影响一个人对职业的适应性，一定的性格适合从事一定的职业，同时，不同的职业对人有不同的性格要求。因此在选择职业时，还要考虑自己的职业性格特点，考虑职业对人的性格要求，根据自己的性格特点选择容易适应的职业，或改变自己的性格特点来适应职业的要求。

职业心理学家勃兰特曾经做过一个实验。他追踪调查了一批大学毕业生，将他们的个性、在校学习成绩、智力与他们毕业五年后的收入做了一下比较，结果显示：事业成功和智力的相关度是 0.18，和学习成绩的相关度是 0.32，与个性的相关度是 0.72。这个实验的结果证明事业成功与个人的个性关联度最高。也就是说，当一个人所做的工作与自己的个性越契合，他事业成功的可能性就越大。

研究表明，性格影响着一个人对职业的适应性，一定的性格适合于从事一定的职业，同时，不同的职业对人有不同的性格要求（如表4-1所示）。

表 4-1　不同性格对职业的影响

性格类型	性格特征	适合的职业
变化型	在新的或意外的情境中感到愉快，喜欢有变化和多样化的工作，善于转移注意力	记者、销售、演员等
重复型	善于从事连续性工作，按固定的步骤办事，喜欢重复的、有规律的、有标准的工作	纺织工、机床工、印刷工等
服从型	愿意配合别人或按别人指示办事，而不愿意自己独立做出决策，承担责任	办公室职员、秘书、翻译等
独立型	喜欢计划自己的活动、指导别人活动或对事情做出决定，喜欢独立负责的工作情境	管理人员、律师、警察等
协作型	在与人协同工作时感到愉快，善于引导别人，并想得到团队成员的喜欢	社会工作者、咨询人员等
机智型	在紧张或危险情况下能自我控制，发生意外时不慌不忙，善于应对并完成任务	驾驶员、飞行员、公共安全专家、消防员等
表现型	喜欢表现喜好和个性，根据个人感情做出选择，通过工作来表达自己的思想	诗人、音乐家、画家等
严谨型	注重工作过程中各个环节、细节的精确性，愿意按规程和步骤工作，严谨，追求完美	会计、出纳员、统计员、校对员、图书档案管理员等

二、基于职业性格的职业规划

能否选择与性格相匹配的职业往往会受到多种因素的影响。首先，由于从业者对于自身兴趣爱好和职业性格类型认识不足，对性格与职业的关联度认识不足，导致在职业选择上出现盲目和针对性不强的现象，无法有针对性地选择最适合自身性格的职业。初出校园的毕业生往往会发生这种情况，不了解自己的职业性格，更不了解自己的职业性格适合什么样的职业，在选择工作岗位时比较盲目。其次，从业者的知识、技能、能力和经验的限制，导致选择职业时可选范围较小，无法完全依据自身性格进行职业选择。再次，随着社会竞争的不断增强，生活压力的不断增大，为实现个人生存，不得不将工资、福利、发展空间、工作环境等现实问题作为首要因素，从而不得不放弃性格与职业匹配的考虑。最后，人们可能会受到社会和家庭、亲友的影响，盲目选择热门行业，忽视职业性格特征的导向，选择社会认可度高却不适合自身职业性格的工作，无视自己作为传统专业技术人员的职业性格特点。

在面临职业选择时，从业者应该对自身的性格特征进行全面分析，总结出自身的性格类型和主要优缺点，结合自身的兴趣爱好和价值取向等因素，并对自身的知识、技能、经验等方面进行综合评估，进行科学系统的职业规划。职业性格作为职业选择中的重要影响因素，应当成为未来职业规划和职业选择中的重要参考。当从业者已经从事与职业性格匹配度不高的工作，且受各种主客观因素影响无法进行职业的再选择，应主动进行性格的优化和调整，使其符合职业特点，满足职业需求。如内向型性格需从事外向型性格的岗位，可以通过多与人沟通交流多参加社交活动，逐渐培养自信，并锻炼自身在公共场合说话的能力，将性格慢慢向外向型发展。通过对性格的调整优化和针对性塑造，来满足职业对自身性格的不同需求。职业性格与职业需求的有效契合，有利于将个人的兴趣爱好与工作有机结合起来，充分调动工作热情，发挥智慧和才能，利于职业生涯的长远发展。在用人市场上无壁垒流动的今天，如果个人初入职场时就能选择与自己职业性格相符合的工作，则利于个人的长远发展，更易取得职业生涯的成功。

三、SWOT 分析在大学生职业生涯规划中的引入

（一）SWOT 分析

SWOT 分析法最早由美国旧金山大学的管理学教授韦里克于 20 世纪 80 年代初提出，又称态势分析法。后随着国际上企业竞争战略理论的发展而逐渐发展完善。最初的 SWOT 分析法只是精确地指出优劣强弱中的因素数目，它无法衡量和评定这些因素的重要程度，因此不可能综合评价战略决策情况。美国哈佛商学院的 K. J. 安德鲁斯教授于 1971 年在其《公司战略概念》一书中提出了战略理论及其分析框架（SWOT 矩阵）。将企业的各种主要优势因素、劣势因素、机会因素和威胁因素，通过调查罗列出来，并依照一定的次序按矩阵形式排列起来，然后运用系统分析的思想，把各种因素相互叠加起来加以分析，从中得出一系列相应的结论。四个英文字母中，S 代表组织的优势或长处（Strengths），W 代表组织的劣势或弱点（Weaknesses），O 代表外部环境中存在的机会（Opportunities），T 代表外部环境所构成的威胁（Threats）。安德鲁斯教授把面临竞争的企业所处的环境分为内部环境和外部环境，其中内部环境分析包括企业的优势分析和劣势分析，而外部环境分析则包括企业所面临的机会分析和威胁分析。SWOT 分析法就是帮助企业识别来自外部环境的机会或威胁以及来自内部资源的优势或劣势的适应性和差异性，即内外部环境因素的相互一致或相互偏离的程度。企业通过内外部的变量间的相互适应，使管理人员认识和预测外部机会和内部优势的切合点，从内外部环境条件的组合中寻求企业快速发展的契机。SWOT 分析对制定战略所需要掌握的信息进行内外和利害的区分，将面对的大量信息进行筛选和简化。基于此，SWOT 分析法成为应用广泛、国际流行的一种战略规划管理工具。

SWOT 分析法的指导思想就是在全面把握企业内部优劣势与外部环境的机会和威胁的基础上，把各种因素相互叠加起来加以分析，对企业内外部条件进行综合概括，从中得出一系列相应的结论，从而制定出符合企业未来发展的战略，发挥优势、克服不足，利用机会、化解威胁。运用这

个方法，有利于人们对组织所处情景进行全面、系统、准确的研究，有助于人们制定发展战略和规划，以及与之相对应的实施计划和对策。分析直观、使用简单是它的重要优点，即使没有精确的数据支持和更专业化的分析工具，也可以得出有说服力的结论。

（二）SWOT分析引入大学生职业生涯规划的意义

1.SWOT分析的理念价值——促进大学生培养的可持续发展

在大学生职业生涯规划中引入SWOT分析能够有效促进大学生培养的可持续发展。在可持续发展的核心思想中，主要具有公平性、协调性、持续性以及整体性四方面特点。笔者所了解的所谓可持续发展的高校大学生培养模式是指高校学生在充分了解自身条件、清楚所处外部环境的基础上把"我希望做的""我有能力做的"以及"环境所允许的"三方面因素有效结合起来，并且将SWOT分析引入大学生职业生涯规划，其主要的核心思想可从四方面进行概括：抑制、补充、增长及发展。这四个特点相互关联、层层递进、密切相关。抑制是指抑制大学生培养可持续发展的不利因素，补充是指不断补充大学生培养可持续发展的有利因素，有利因素得到补充还不够，应当使之不断增长，将不协调、不适应的地方转化为协调适应，并坚持做到可持续发展。这才充分体现了大学生培养模式可持续发展的重要思想。

2.SWOT分析的工具价值——对当前大学生职业生涯规划的修正补充

在大学生培养模式中引入SWOT分析对于培养大学生有着重要的价值。第一，SWOT分析是管理工具。第二，SWOT分析能够对高校教育资源进行有效整合。第三，SWOT分析的引入是对当前培养模式的深入修正和进一步补充。从管理学的角度来看，SWOT分析是根据组织内部条件包括有利的和不利的进行综合分析并得出有效结论从而帮助组织进行决策的分析方法。SWOT分析方法得到各类组织普遍青睐，特别是在组织战略研究和外部竞争分析两方面得到广泛运用，是组织战略管理和外部竞争分析的必要手段。SWOT分析方法使用起来简单方便，且能够直观分析问题的产生原因，即使是在缺乏有效的数据支撑或者其他更为专业的分析手段的情况下，也可以利用SWOT分析方法从而分析出具有说服力的结论，并以此帮助组织进行决策。但也有不足之处，利用SWOT分析虽然能够得出有说服力的结论但是其使用直观和简单方便的特点会使得出的结论不够精确，这必然会影响到组织决策的有效性。比如通过SWOT分析中S、W、O、T的各种表现，采用定性分析方法，得出一份较为模糊的组织竞争地位的描述，并以此做出的组织竞争战略，或许不够实用，这势必会影响到组织的发展。但是其对组织的危机意识以及危机管理等其他能力的培养还是具有一定的提升意义。

3.SWOT分析的创新价值——为大学生职业生涯规划提供了新思路

鉴于SWOT分析在企业营销和竞争战略中的重要作用，SWOT分析对高校学生的个人职业生涯规划同样也有着重要的借鉴意义。我们可以将SWOT分析对企业内部优劣势的分析转变为对个人优劣势的分析；把对企业面临的外部环境机遇和挑战的分析转换为对个人所处职业环境与就业前景的分析。通过SWOT分析，高校学生能够综合考虑自身优劣势，认清当前社会环境和就业前景，尽可能地避免职业定位的偏差、减少职业规划的失误，使个人职业生涯规划更具科学性和可行性。其核心的指导思想是在全面把握个人内部优劣势和外部机会与挑战的基础上准确制定符合个人未来发展的职业规划，使高校学生能够充分发挥优势、克服不足、抓住机会、消除威胁。

利用SWOT分析法帮助高校学生进行职业生涯规划，能够使学生清楚地认识到自身的优劣势和当前所处环境的机遇与挑战，帮助高校学生更好地完善自己，明确自身发展方向，树立正确的人生观、就业观和择业观。高校学生在规划个人职业生涯时不再是不知所措或者单纯地等待机会，而是主动出击，充分考虑自身条件和利用外界有限资源，尽可能地自主解决个人在职业发展过程中的一系列问题。它的重要意义可以概括为"主动寻找自己所期望的且切合自身条件的工作，并努力争取到该工作，最后能够在这个岗位上获得长期的职业发展"。此外，利用SWOT分析方法对个人的职业生涯进行规划能够有效地帮助高校学生降低个人就业的经济成本。

因此，SWOT分析法为大学生职业生涯规划提供了新的指导方法。这种分析方法能够有效帮助高校学生了解个人的技能、能力、喜好和职业机会等，使个人能够认清自身条件和当前形势，有利于个人在职业发展上做出符合自身发展的正确决策与合理规划。

4.SWOT分析的实用价值——确保大学生职业生涯规划目标的实现

在目前的就业形势下，由于高校毕业生存在选择性困难，并且伴随着大学生毕业的就业困境，很多学生感到高不成低不就的尴尬局面，这使得部分高校学生会感到就业困难。而高校通常依据社会需求、高校发展定位和未来的战略目标三方面共同制定人才培养目标。不同类型的高校以及同类型处在不同的发展阶段的高校在人才培养的目标、规格、标准以及模式等方面迥异不同。因此，在新的就业形势下，各高校人才培养模式多样化，相互之间很难形成一个统一的标准。但任何事情都有其一定的发展规律，高校的人才培养模式的发展也有其特有的规律，其不仅要遵守内部的教育发展规律，而且要适应外部的需求规律。对于高校的人才培养工作而言，将SWOT分析引入大学生职业生涯规划，其目的是有效整合学校和学生的内部资源，使高校的人才培养模式能够更好更快地适应外部就业环境的不断变化。而这种高校主动调整内部资源适应外部变化的行动则充分体现了高校人才培养模式对环境变化的主动适应性。这有利于各高校在新的外部形势下人才培养目标的实现。

（三）SWOT分析在大学生职业生涯规划中的实施步骤

近年来，SWOT分析已经被广泛地应用到许多领域，SWOT分析也成为高校学生自我能力分析的重要分析方法。高校学生运用SWOT分析方法对自我各方面条件进行综合分析，能够明确地知道个人的优缺点是什么，并且能够清晰地评估出自己选择的学习道路所存在的机会和潜在挑战。高校大学生运用SWOT分析在进行职业生涯规划时可以按以下步骤有序进行：

1.罗列职业生涯规划中可能存在的影响因素

个人的职业生涯必然会受到诸多方面的问题的困扰，其中包括职业道路选择的问题、能否获得职业成功的担忧和职业生涯的发展等问题。个体在追求职业生涯发展过程中必不可少地会受到来自外部因素的影响，其主要包括教育背景、家庭的影响、个人的需求与心理动机、外界的潜在机会以及变化中的社会环境等。

2.建立个人职业生涯规划的 SWOT 分析矩阵

运用 SWOT 分析法来进行职业生涯规划，以上述影响职业发展的因素为依据，进行有效的 SWOT 分析，列出相关要点，进行分析比较，建立涵盖各种因素的 SWOT 分析矩阵（如表 4-2 所示）。

表4-2 个人职业因素 SWOT 分析矩阵表

	优势	劣势
内部因素	指个体可控并可利用的内在积极因素： • 良好的教育背景 • 家庭经济条件 • 个人综合素质及能力 • 个性特征及兴趣爱好 • 人际社交和资源优势 • 知识专业技能及其专长等	指个体可控并努力改善的内在消极因素： • 缺乏相关技能资格或工作经验 • 专业不对口，学习能力差、GPA 低 • 适应性差、学习运用能力差及适应环境能力较弱 • 缺乏明确的自我认知、不善于规划自己的人生、没有明确清晰的追求目标 • 自我封闭、自信心不高、不善于表达自己、害怕社交等
	机会	威胁
外部因素	指个体不可控但能够利用的外部积极因素： • 就业渠道和就业机会剧增 • 再教育、晋升和出国深造的机会多 • 互联网科技的快速发展、商机多、跨国企业和世界大融合、某些专业领域的扩大和深化 • 交叉和边缘学科的兴起、管理者对新概念的注重与关心等	指个体不可控且威胁到个体存在的因素： • 就业信息不流畅、就业渠道少 • 毕业生总数不断攀升，相应的竞争对手增加 • 经济下滑、国内单位对某些专业的偏见或冷门专业设置障碍 • 企业管理运作不规范，有些老板对毕业的大学生有偏见、专业局限性强、较少的晋升空间和福利待遇、缺乏科学合理的人才管理模式和培训等

3.评估自己的长处和短处

每个人都有自己独特的天赋、技能和能力。在当前分工明确的市场经济环境下，每个人都有自己所擅长的某个或某些领域，但却很难能够成为全能型人才。有的人适合营销，而有的人则是管理型人才，各有所擅长的领域。因此在这一步，高校大学生可以做一个列表，根据自身因素将喜欢做的事和长处等罗列在表格中。如果觉得确定自身的长处比较困难，则可以选择相关测试题进行测试，而后根据测试结果确定自己的长处。通过同样的方法也能查找出自己不想做的事和弱势所在。找出自身不足与发现自身长处同等重要，因为可以根据自己的优势和不足做出两种不同的选择。一种是正视自己的不足，通过不懈努力改变自己常犯的错误，弥补自身不足，从而有效提高自身的各方面技能和能力，适应职业要求；二是直接放弃那些与自己不擅长的技能和能力相关的职业选择。可见不同的选择会得到不同的结果。因此，个人在进行职业生涯规划时很有必要先罗列出自身所具备的优势和可能会对自己职业选择产生不利影响的劣势。

4.找出自己的职业机会和威胁

不同的行业乃至同行业里不同的公司都会面临着不同的外部机遇和挑战。因此，对于高校毕业生来说，若想找到一份合适的工作必须清晰地分辨出这些外部因素，因为这些外部的机遇和挑战会影响到高校毕业生对于工作的选择和今后的职业生涯能否顺利发展。如果一个公司处于一个被动的外部行业环境中，极易受到外界各种不利因素干扰，那么这个公司自身的生存发展都存在着问题，更遑论能够提供良好的就业机会选择，而职业升迁的希望则更为渺茫。相反，若企业处在一个良好的行业环境里，且充满了积极的外界因素，那么这个企业就能够快速发展，同时能够为社会提供更多的就业机会，求职者在这个企业里就能够获得更多的职业选择和广阔的职业前景。在这一步，高校学生可以根据自身喜好和特点选择出自己所感兴趣的一两个行业，然后认真评估这些行业当前所具有的机会和潜在的挑战。

5. 列出今后五年内自己的职业目标

利用 SWOT 分析高校毕业生可以对自己做一个综合的评估，然后列出毕业后第一个五年计划，并逐步实现计划中所列出的几个职业目标。这些目标可以包括自己希望从事的行业、职业的高度、理想的薪资等。在此，高校毕业生必须牢记，在未来职业生涯中，个人必须尽可能的将自己的能力和优势完全发挥出来，并使之与所从事职业相匹配。

6. 列出一份未来五年的职业行动计划

在这一步，高校毕业生需要拟出一份实现上述目标具体的行动计划，并且要详细地表明实现这些目标所需的具体步骤。如果需要借助外部帮助，则需要明确指出所需的帮助以及如何获得。比如说通过 SWOT 分析表明，如若自己想实现理想中的职业目标，则需要学习更多的管理学知识，那么在拟定未来五年的职业行动计划中就应当注明如何有效获取这些知识，通过继续深造或职业培训等。SWOT 分析能够为高校毕业生的职业规划提供一份详尽的行动指南，个人所拟订的职业计划越是详尽，则越有利于帮助自己做出正确的选择。

7. 构建基于 SWOT 分析的大学生职业生涯规划系统模型

SWOT 分析能够将各种内部和外部的复杂因素进行有机结合，这有利于高校毕业生在制定职业生涯规划时清楚自己当前所处的环境，明确自己与环境关系、环境要求以及各种有利的和不利的条件等。从而能够建立出一个动态、开放、一体化的大学生职业生涯规划系统模型。

整个大学生职业生涯规划系统是一个有机的统一整体，内外环境因素共同作用影响着大学生职业生涯的规划。对高校学生的职业生涯规划教育应当贯穿于整个大学教育的全过程，高校的学生处（团委）、就业咨询指导机构和信息沟通机构（教务处、招生就业处等）对大学生职业生涯规划起到政策解读、数据分析、理性引导等作用。高校学生利用 SWOT 分析系统输出的大学生职业生涯规划并不算完备，还应当与各种复杂的外部环境相结合，如国家当下政策制定、用人单位的需求标准等，适当地进行重新评估或者合理调整。并对系统的不断重构进行整合与反馈，反过来对学校的专业设置与规划进行指导和帮助。同时应当注意到大学生职业生涯规划的重点不应当仅仅是帮助毕业生找到一份满意的工作，还应当侧重于对大学生未来职业生涯发展的全过程进行指导和帮助。因此大学生职业生涯规划系统模型的构建，对当代乃至未来大学生的职业生涯规划具有重要的指导意义和教育作用，同时还对高等院校的可持续发展具有重要的实践意义。

（四）基于 SWOT 分析的大学生职业生涯规划的指导模式

SWOT 分析理论根据高校大学生所具备的不同优势和劣势以及所面临的不同机遇和挑战，为帮助当代大学生进行职业生涯规划，SWOT 分析理论提供了四种战略模式选择，分别是：优势－机会战略（SO 战略）、劣势－机会战略（WO 战略）、优势－风险战略（ST 战略）和劣势－风险战略（WT 战略）。

1. "SO" 战略模式

此战略模式要善于把握内部优势，利用外机会。"SO" 战略模式是四种战略模式中最为有利的一种发展模式。处于这种战略模式下，说明自身具有很强的优势而且又拥有良好的外部环境，个人的职业选择会很广泛，职业前景很好。因此，这种战略模式下高校学生需要充分发挥自身优势，努力发现并能够抓住外部机遇，从而做出有利于自身未来发展的职业选择。

2. "WO" 战略模式

此战略模式要善于巧妙利用外部机会，同时需要不断努力克服内部的自我劣势。处在这种战略模式下会发现，当外部机会来临时容易因自身优势不足，难以抓住机会，错失良机，造成就业失败。因此，"WO" 战略模式下的大学生在拥有良好的外部环境条件下，然而却容易因自身存在不足，比如缺乏就业经验等，对就业造成影响。这种情况下，高校学生应充分利用有限的条件不断丰富社会实践经验，提升自身实力，调整知识结构，努力把握外部机遇，充分依靠外部优势来弥补自身不足。

3."ST"战略模式

此战略模式需要个人依靠自身的内部优势，同时还要回避外部威胁。此战略模式下的高校大学生，自身拥有很好的优势，但却处于非常不利的外部环境中。因此高校学生需要尽可能地分析出外部环境所带来的潜在威胁，尽量避免潜在的威胁。这种战略模式下的高校学生可以选择先就业再择业，在工作实践中获得宝贵的实践经验，从而使自己的专业技术知识和业务水平获得有效提升，为今后更好的发展做准备。

4."WT"战略模式

此战略模式需要高校学生尽可能地减少内部劣势，同时还要回避外部威胁。处在这种战略模式下的高校大学生自身问题很多，同时所处的外部环境也十分不利。面对这种情况，个人也无需气馁，更不能自暴自弃，应当对自己进行积极的规划，尽量努力去克服自身的缺点和不足，同时可以选择暂时回避外部可能存在的威胁，比如可以考虑继续深造、出国留学、推迟就业等，等到自身优势明显和外部环境有利时再进行职业选择。

（五）对基于SWOT分析的大学生职业生涯规划的对策建议

在职业生涯规划方面，大学生和企业职员有着明显的区别。稳定性对于企业在职人员的职业规划更趋向于具有积极的作用，与大学生的职业规划相比，动态性则会对后者产生较大的作用，不同年级的学生职业生涯规划也不尽相同。通常来说，大一的学生对自己将来的职业预想是模棱两可的、多样的、不确定的，那么他们就具有相当大的可塑性。而对于身处大二或者大三的学生而言，这一阶段基本具有较为清晰的职业理想，以及明确如何去实现既定的职业理想和职业规划。对未来职业规划最为清晰、把握最为准确的应该算大四的学生了，这时的他们拥有具体的职业目标以及将之成为现实的技能，但对于较低年级的学生而言，大四的学生可塑性最低。结合SWOT分析工具在大学生职业生涯规划中的意义，从社会、高校和学生个人三个角度对大学生职业生涯规划方案进行探讨。

1.从社会和学校层面提出的改进措施

大学生对自己的职业生涯规划的问题是普遍存在的，针对这一现象，快速且有效地从各个角度切入处理问题是尤为重要的。大学阶段是一个极为关键的时期，此时的学生由"学校人"向"社会人"转变，他们的心理和生理已经基本成熟，这时候，学校和社会有义务和责任来引导大学生进行职业生涯规划，方法如下：

（1）帮助和引导大学生建立职业生涯规划的概念

近些年，随着就业形势的不断变化，大学教育也逐渐对就业指导提出了更高的要求，就业压力增高，社会和学校对此的关注度也愈发强烈。我国经济目前处于高速的发展当中，就业形势较以前而言也有较大的不同，以前"只要考上了大学，就业就有了保障"的想法已经消失殆尽。现如今，面临着国内经济下行压力及行业间竞争激烈，学校和社会应承担起帮助大学生进行职业生涯规划的重要责任，帮助和引导大学生建立职业生涯规划的概念。

政府部门要大力关注和支持对大学生的职业生涯规划，颁布与之相适应的政策、法规及规章制度等，并设立专门的机构、负责人进行专业化的管理，保障其有效实施，而且对大学生的就业指导必须加大资金投入力度。从社会方面来说，必须充分利用各种媒体媒介的宣传，无论是通过互联网还是电视广播，都应该意识到职业生涯规划对大学生今后的发展至关重要，引导传播媒体对大学生职业生涯规划进行正确宣传，整顿行业中的不规范行为，确保指导机构专业化、高水平、严要求地完成就业指导。规范制度、完善科学化和标准化的职业规划保障、将职业指导和就业服务平台准确对接、提供便捷有效的就业指导，更好地服务于即将面临就业的大学生。

（2）完善职业生涯规划教育及其指导体系

学校对大学生职业生涯规划的教育和指导，其侧重点在于设立针对性的课程，在大学期间的教学计划中，应全面贯彻对就业的指导教育。深入了解、分析社会和企业当下及未来对员工的要求，不断优化、改进大学生职业生涯规划指导的课程内容。

学分制度的确立有助于高校拥有明确的目标，在此基础上建立起可以稳步增强和具有针对性的完整指导课程体系。这样的话，正常的教学计划中就会拥有就业指导这项必不可少的内容。同时，系统性、高标准的就业指导教材是保证就业指导教育的必要条件。对于不断完善和优化就业指导教材这一工作，高校要高度重视，并根据学生所处年级的不同和具体情况的差异，做出高水平的和富含时代特色的就业指导建议。

（3）健全职业生涯指导的专业化建设，提高指导质量

如何做好职业生涯规划的专业化建设是当今高校教育急需解决的一个重要问题，通过不断提高职业生涯指导的质量才能真正帮助大学生有效认知自我，提高应对风险能力。主要可以概括为以下三点要求：

第一，完善相关部门的专业化职业生涯指导。高等院校在对大学生的职业规划指导服务中，应充分落实教育部下发的文件精神，建立具有专业化、系统化的指导机构，充分意识到就业是大学生走出学校迈出校园步入社会的关键一步，必须从学生的职业生涯就业指导工作抓起。同时应将教育、管理、服务集为一体，鼓励大学生进行职业生涯规划的相关学习和深入了解，要不断加强对职业生涯规划的重视程度，不断创新服务手段、提高服务质量，有效带动大学生的充分就业，推进大学生就业率的提升。

第二，指导师资队伍的专业化建设。高校必须建立起一支专业化、高效化、具有服务意识的指导队伍，使其在具体指导工作中发挥积极的作用。跨专业、跨部门、专兼结合是这个队伍结构最为突出和显著的特色。而对于指导者个人来说，既要做到关爱学生、无私奉献、甘作人梯，也要具有强烈的时代使命感和责任感。首先要具备对社会发展和时代变化的辨识能力，能对当下形势做出科学的判断。此外还要熟练掌握随着时代变化的政策法规，并在具体的指导工作中及时做出相应调整。针对大学生的差异化，还应具备相应的心理学、教育学及社会学等专业知识，才能更好地服务于大学生的职业指导。总而言之，高校要做好大学生的职业生涯规划指导工作，就必须培养出一支善于与学生沟通、有时代责任感、对时代变化有应变能力、具有较强管理能力和职业道德的人才队伍。

第三，人才测评工具的专业化。在校大学生想要全面客观地了解自身的优缺点、工作能力以及兴趣爱好等，可以通过专业化的职业评估进行评判。要想做好专业化的职业评估，最主要的还是人员队伍的建设以及评估

方法的选择。学校在配置评估人员时应考虑其是否具有相关的专业知识，才能对大学生的求职心理做出评判。因为大学生的求职心理具有差异性，因此只有选择具有科学和完善的评估方法，才能对大学生在了解自身的过程中给予客观公正的评判结果。为了增加评估的可信度和有效度，除需要仔细地挑选评估的工具之外，还需要建立起由专家组成的评估团队。

（4）完善学生职业指导体系建设，提高职业实践水平

高等院校在正常的教学计划中，要想引导大学生的职业生涯规划真正落到实处，应完善学生职业的指导体系，具体措施如下：

①加强大学生职业实践建设

在当今的教育体系下，大学生在求学生涯中鲜有求职的机会，同样也很难获得在职场中历练的机会，这就会造成大学生在进入社会后，缺少对求职及在职场中应有的一些基本经验。所以，在不影响正常的教学计划情况下，院校除应开展一些招聘、实训相关的活动外，还应鼓励大学生在空余时间或者假期投身于社会实践或兼职，从而弥补经验上的不足，进而培养出一个对职业概念的完整印象，随着时间的推移了解职业岗位需求变化对职业生涯规划的影响，根据社会需求的变化调整职业生涯规划。随着时间的推移，大学生也会体悟到不同企业对职员的不同需求标准，提高对不同行业的职业敏感性，从而确定自己的目标，所以要对学生的职业规划实践活动进行深化，采用多种方式强化院校与企业的联合培养。走向社会、步入职场生涯是每一位大学生毕业后必须面对的终极挑战，积极地参加不同企业的兼职和勤工俭学活动，只有通过亲身的参与才能让自己不断走向成熟，走向强大。政府及有关部门应颁布相关的有利政策，营造一个有利于大学生就业的环境，积极引导大学生步入职场。

②加强大学生职业生涯规划咨询建设

每一个大学生自身的具体特点和所处的不同环境，使职业生涯规划具有差异化和个性化的特点，个体之间会产生差异，表现也大相径庭。普及知识理论需要完善课程建设，要具体到个体的人生定位和职业道路选择，而片面的、单一化的职业指导对大学生职业生涯规划则起不到任何作用。所以，加强职业生涯规划咨询建设是高校落实职业生涯规划必须践行

的一项重要工作。因为大学生没有步入社会，缺乏经验，他们对自己将来的职业只有模糊的认识，对自己的职业生涯规划也有一定的缺陷，提供个性化咨询辅导才能真正的为学生提供切实有效的帮助。根据权变理论，职业辅导咨询可以因人而异，针对不同的职业问题做出相应的职业分析，因学校情况而定，均可设立学校的就业指导中心或者健康教育指导中心，聘用资深的专业咨询团队或者聘请专业化的师资队伍参与到这项具体的工作当中。

③加强大学生职业生涯规划全程建设

做好大学生职业生涯规划的重要前提和核心就是要抓住大学生在校期间的学习生活。只有做好科学、合理的学习计划，才能将有限的学习生活规划得井井有条。根据社会和学校的外部动态环境变化不断调整，做出适合自己的学习规划，根据自己的兴趣爱好和个性特长，及时矫正自身陋习，有效规避自己的劣势，将学校的培养目标、市场的刚性需求与自己的职业生涯规划结合起来，制定一个系统的完整自我职业生涯规划。职业生涯规划不仅仅贯穿大学生学习生活的四年时光，也是大学生迈入职场生涯、更好地适应社会就业、寻求最适合自我发展的职业的指南针。根据大学生所在年级的不同、学生的个性特征和需求不同，高校应该开展具有针对性的指导工作：

第一，大学一年级——试探引导期。大一新生在经历了紧张的高三学习生活，完成高考后，进入梦寐以求的高校。在面对新的环境、新的同学和陌生的生活方式时，大多数人都会感到迷茫和手足无措，不能快速适应大学生活。通过对大一新生进行职业生涯规划的指导工作，可以帮助学生尽快适应大学生活，使大一新生能顺利完成由高中生向大学生身份的转变，使其进入高校的第一时间就建立起对职业生涯规划的基本意识，这也是高校对大学生职业生涯规划引导工作的基石。高校要正确引导大学生对其将来走向社会后的事业观和人生观，结合实际及个体的差异，在帮助大学生了解自身的过程中，也要塑造起对未来的职业生涯的理想和目标。将对未来的理想和目标作为不断奋斗的动力源泉，引导、教育大学生在面对学习困难时要勇于克服。高校在对大学生的职业指导过程中，应该让大学生充分了解当今社会在人才的问题上是何要求,如何成为企业互为争抢的人才,最核心的还是个人能力以及职业上的素养,要将对未来的就业压力转化为对大学期间努力的动力,为后续对大学生职业生涯规划的指导工作奠定思想基础。在通过一定时间的引导教育后,大学生应对上述内容有了比较清晰的理解,帮助大学生制定一份全面的符合个体成长发展的大学学习生活计划。这份计划要全面考虑个人的性格特点、兴趣爱好、智力体能、专业技能、人生目标等多方面的因素,最大程度地保证他们在大学期间尽可能多地学习各种各样的专业知识和技能,弥补和改正自身的缺点和不足,还应该让大学生明白要具备何种能力和素质才能立足于社会,通过不断努力和实践操作,加强大学生的综合素质的提高。例如,语言表达能力、人际交往能力、收集整理资讯能力、吃苦耐劳能力和创新能力等,督促他们培养自身各方面的能力和素质。

第二,大学二年级——评价定向期。度过了大一的适应期和磨合期之后,大学生已经开始逐步适应大学生活,对于应付学习生活上的各种问题已经有了一定的解决办法。这一阶段的主要任务是引导学生在建立合理的知识结构的前提下不断提高自身的综合能力。在当今社会就业竞争异常激烈的情况下,用人单位对大学毕业生的要求也是水涨船高,优异的学习成绩和各类从业人员资格证书显得尤其重要。除此之外中共党员、学生干部等身份或荣誉称号以及寒暑期社会实践经历等都是应届大学毕业生在就业时的有力筹码。除了学习各种文化知识和专业技能之外,同学们还应积极投身于学生会或社团组织,通过不断地学习和积累,不仅可以锻炼人际交往能力,锻炼团结协作能力,还可以通过各种校内外的实习、社会志愿者活动等不断提高自身的能动性、责任感和抗压能力。学生在积极参加学校举行的各种学术研讨会和项目,检验自己的知识储备能力和知识运用能力的同时,也可选择辅修交叉学科课程,多读纪实报告、人物传记等知识来充实自己,扩大知识面。这个时期的课程不只局限在政策方面的宣讲,而是要引导大学生进行有效的职业探索和对环境因素进行合理的评价,激发学生各种潜在的优势。大学生在进行职业生涯规划时最大的瓶颈是对客观存在的外部环境和企业或组织的行情了解不够充分。高校应该为学生提供目标行业、目标职业、目标企业的有关信息，并结合大学生的兴趣爱好、家庭环境、专业特点、社会需求等因素进行科学合理的职业评价，选择其最适合的职业发展道路，避免在职业生涯规划中多走弯路。大学生在进行职业生涯规划时，要评估环境因素对自己的职业生涯发展的优势和劣势，了解本专业在行业中的大致走向和未来发展趋势，分析外部的政治、经济、文化和其他社会环境等诸多因素给自己的未来的职业生涯发展带来的影响，以便能更加有针对性地设计自身的职业生涯规划，以更积极健康的心态迎接社会的竞争与挑战。

第三，大学三年级——完善冲刺期。大三学生经过了两年的大学生活，对知识的积累以及学习上掌握了较为完整的职业生涯规划理论知识体系，所以在大学三年级的教学计划中高校更应将职业规划和引导就业的内容有针对性地教授于学生。从客观的角度出发，高校在对学生的教育上应将理论与实际相结合，这样才能在教授学生文化及理论知识的同时，使学生更好地掌握将来在职业道路上所需的能力与技能。更能清晰地了解现实社会对人才的要求，并结合自身的兴趣爱好、性格特点、专业特长来确定职业发展目标和路径，制定出符合个人的学习计划，规划出准确的职业定位和职业要求，将个人的学习计划加以落实，以达到毕业后能顺利就业的目的。为达到目的，首先应该制定相应的职业生涯计划和目标，如在本月应该完成的目标、今年应该实现的目标及未来三年到五年的目标。其次是对职业的定位，在职业的定位上需要结合自身的特点、优点、环境等因素的基础进行的。最后，将自身条件与外部环境因素等相结合，在此形成对职业生涯规划方案的基本雏形。职业生涯规划方案形成后，高校应安排相应的指导人员对其进行充分的评价、修正及引导，使其方案在实施起来更具可实践性和可操作性，为未来一年的学习实践、就业及就业后的职业发展形成打下坚实基础。

第四，大学四年级——分化调整期。大学四年级学生面临着实习和毕业后的就业，此时的职业生涯规划主要集中对毕业生临近毕业时可能会发生的各种事情做出设想，并提出相应的对策和解决办法。学校可以凭借就业信息网站和各种就业指导活动多渠道地开展就业指导工作，帮助大学生了解国家相关的就业的政策和方针，了解学校有关毕业生就业等方面的相关文件规定，为大学生提供用人单位的可靠资料以及其他注意事项的相关信息。首先，大学生做好求职准备不可或缺的是要熟悉和掌握各种就业政策和法规，进而要引导他们根据市场需求结合自身的职业发展想法和职业实践，选择适合自己的职业。其次，随着就业竞争愈演愈烈，大学生就业的心理状态也存在巨大问题，尤其是近年来出现的就业心理问题越来越多，各种就业引发的心理问题和心理障碍，严重影响了大学毕业生向职场工作者的转型。这就需要学校就业指导部门针对大学生在择业中出现的心理问题，有针对性地开展心理健康教育，使学生学会克服在择业过程中遇到的主观与客观、现实与理想、择业与就业不符等矛盾心理，帮助学生顺利地进入职场，尽快适应工作岗位。再次，要进行求职技巧的培训，包括求职要领、面试技巧以及简历的撰写和礼仪方面的知识等。学生能否顺利进入企业吸引用人单位的眼球还和一定的求职技巧有着密不可分的关系。每年都会有一部分的大学生因为对于求职中的细微问题的不重视、求职技巧的不全面、自我职业技能的不深刻和认知水平欠佳而导致最终的应聘失败也是屡见不鲜。因此，大学生掌握必要的求职技巧与方法是很重要的，同时还需要不定期对已就业的大学生进行跟踪调查。

2. 从大学生自身层面提出的改进措施

（1）有效提高自我认知水平，增强外部环境分析能力。全面提高自我的认知水平，对自身有正确的认识和准确的定位，通过不同角度对自我进行深刻的剖析和认识，从而更加客观直接地了解自己，为自己的职业生涯做出科学的判断。可以从不同角度对自身进行全面的分析和定位，比如世界观、人生观、价值观、性格修养、道德品行、职业技能、智商和情商、组织能力、风险管控能力、领导能力和社交能力等。通过一系列的具体分析，弄清自己想要做什么、适合做什么、擅长做什么。人们常说，自我剖析就是揭露真相的时刻。自我剖析是不断自省的前提，自我暴露的过程，其实就是真的自我的揭示过程。通过对自身的客观理性地分析和考量，重点加强对自身的兴趣爱好的发现，对自我优势和劣势的评判从而得出自己真正擅长做什么、喜好做什么和适合做什么等。《心理学与生活》这一著作中曾提到过："不同的人对应不同的职业性格，而不同的职业性格则通过生活中点点滴滴侧面表达出来，并且不以人的意识为转移。"依据自己的职业爱好和职业选择来培养相应的职业性格是我们必须关注的一个重要关键点，兴趣是工作的重要动力来源，一份与自己兴趣相符的工作，必定充满更多的乐趣。特长分析是关于自己现有能力以及潜在能力的分析，每个人都蕴藏着巨大的潜能，要不断地挖掘自己的潜能，发挥自身优势和特长，在对自身进行分析判断的过程中，可能会出现不客观不全面的情况，所以需要多听听旁观者的建议，同时也需要使用科学的手段和方法加以分析，以准确认识和了解自己。

根据 SOWT 分析工具，我们可以知道有时外部环境分析比对自我的分析更为重要，所以，在进行自我分析时，同时也要进行对外部环境的分析。外部环境的变化是对个人职业生涯规划的重要影响，外部环境分析中最为主要的是国家发展与行业发展的关系、经济形势的情况与趋势、所处环境的特点、个人与环境的动态关系等有利和不利的因素。具体而言，大到国家社会政治环境、经济环境，小到组织的发展战略、人力资源需求、晋升机会等都需要分析和探讨，弄清楚不同因素对职业生涯规划的影响，为职业目标的规划和职业路线的选择提供更多的参考依据。大学生要广泛地收集相关信息，利用 SOWT 分析工具，增强对职业环境的了解并有效利用外界环境发展自我。

（2）不断完善自身知识结构，强化外部职业竞争能力

如果想在未来的职业选择上拥有更多的竞争优势，大学生仅仅在知识储备上下足功夫是不够的，还需要将知识和技能相互联系、有机地结合起来，方能达到内外兼修强化职业竞争的实力。

首先，构建符合自身职业规划的知识结构和知识储备。知识的储备与结构决定了一个人对事物的认识和判断，而日常的知识积累与知识结构的梳理则是完善自身的重要途径和有效办法。当然，单纯的知识数量不能完全代表一个人的真实水平，除了数量之外，更为重要的是如何理解知识，完整且清晰的知识结构是对认知事物最为关键的一点。大学生如何在制定职业生涯规划的过程中，体现出所追寻的目标与理想，需要建立一个具有

专业、有效的知识结构和体系，将已有的知识进行重新筛选和重组，这样才能将所学的知识运用到实际当中。随着竞争环境的不断变化，企业对员工的知识水平要求不再是单一的、混杂的，而是具有专业化的、高质量的知识储备。大学生既要适应社会的发展需要，又要有自己的特色，既要发挥群体优势，又要展现个人专长。因此，构建合理的知识结构非常重要，需要大学生日积月累地储备，辛勤耕耘，最终才会有所收获。

其次，构建职业生涯规划所需的竞争能力，将知识转化为真正的实践能力，运用于职业生涯竞争当中。在纷繁复杂的现代社会，考验大学生的不仅仅是知识积累有多少，如何巧妙地运用知识并对职业生涯产生巨大的实际作用才是对大学生终极的考验，这就要求大学生在制定其职业生涯规划时，要考虑如何运用知识、将知识化为能力和技巧，让其在未来职场中成为挑战困难的利器，因此，培养大学生职业所需要的综合实践能力是当今大学生亟待面临解决的一大主体和一大难题。人们常说，能力和选择有时比知识更加的重要，将合理的知识结构和所需岗位的技能统一起来，更有利于增强大学生的职业竞争优势。所以，在进行职业生涯规划的过程中，不仅是构建自己的知识结构、知识体系的过程，更是不断丰富自身职业素养和职业竞争能力的过程。大学生在有意识地增强职业竞争能力的同时应该罗列出未来从事职业所需的基本能力和技巧。在不断的实践中善于发现和积累新的知识和职业技能，不断打破自身的极限，扬长避短，假以时日必定能在职业生涯中独占鳌头。

（3）强化职业规划责任意识，提高知识和职业技能水平

大学生必须要自觉地提高对职业生涯规划的责任意识，这是对自己也是对未来的负责。制定详细、科学的职业生涯规划，能充分认识和了解自己，发现自身的优势和劣势，不断地开发自己，塑造自己，充分发挥自身才能，使知识与实际结合充分发挥巨大的作用。还能通过对职业生涯规划，科学地筛选适合自己的职业，制定符合自身兴趣和特长的生涯规划。科学地寻找适合自己的理想和目标，有效地规划自己的实际行动，成功挑战人生中的困难，才能获得人生事业的成功，实现自己的理想。因此，大学生要积极提高自己的职业规划意识，用切实的行动加以落实，不断完善知识

结构，遇到难题多与周围人交流和沟通，制定出符合自己、科学合理的职业生涯规划。

目前，许多高校举办了许多形式多样的有利于大学生提高职业技能的活动，如大学生校园创业活动、大学生毕业实习、见习活动、大学生"青年志愿者"活动、暑期"三下乡"活动等。大学生应该多积极参加这些有利于职业生涯发展的训练活动，抓住实践的机会，利用假期到用人单位实习，提前了解和学习一些职业技巧，对于制定适合自己的职业规划有很大的帮助。

（4）坚信职业理想信念，建设终身发展的职业生涯规划

一个有远大理想和信念的人，在困难和挫折面前，更能持之以恒，自我的激励能给一个人提供更大的内在动力，因此大学生们要不断地鼓励自我，管理自我，约束自我，处理好个人情绪，将职业生涯规划真正地落到学习生活的行动上。职业生涯规划不是毕业时或毕业之后才面临的问题，职业生涯规划是一个长期且动态变化的过程，不是一蹴而就的短期固定不变的模式。目前很多的高校已经意识到这个问题，并开始落实相关职业生涯规划的工作。学校应从低年级开始就进行职业生涯规划的课程安排，当然更多的需要依靠学生自主地学习和制定相应的阶段性职业生涯规划，对于能力训练和强化、资格证书的考取和技能的提升都需要学生在大学有限的时间里积极主动地投身于对自身职业生涯规划的不断建设当中，对于提高和改善大学生的职业生涯规划起着重要的实际意义，大学生要不断充实自己，坚定自己的理想信念，不断完善自我的职业生涯规划，明白"自己是谁"和"将来要做什么"，才能在瞬息万变的职场中保持和发挥自己的优势和价值。

第三节 MBTI 性格理论

当今世界上应用最广泛的性格测试工具是 MBTI（Myers-Briggs type indicator），它基于瑞典心理学家荣格的心理类型理论，由美国的心理学家布莱格斯和她的女儿迈尔斯共同研发而成。

一、MBTI 性格理论概述

（一）MBTI 中的四个维度

MBTI 衡量的是个人的类型偏好，通过使用四维度偏好二分法来评估一个人的类型偏好，每个维度包括两个相对的极点。

1. 心理能量获得倾向：外倾（E）、内倾（I）

外倾和内倾作为一种态度，指个人更喜欢从何处获得能量，以及个体更喜欢将注意力集中于何处。外倾主要指向的是外部世界，外倾型的人将注意力集中于人和事上，从与人交往中获得能量。内倾主要指向的是内心世界，内倾型的人注重思想、经验、自我意识面的精神能量。详见表 4-3。

表 4-3 外倾（E）和内倾（I）的区别

外倾（extroversion）	内倾（introversion）
关注外部环境	关注自己的内心世界
善于表达，好与人交往	安静而显得内向
兴趣广泛	兴趣专注
用实际操作或讨论的方式学得最好	用在头脑中"练习"的方式学得最好
先行动，后思考	先思考，后行动
在工作和人际关系中都很主动	当事情对他们有重要意义时会主动

2. 接受信息的方式：感觉 (S)、直觉 (N)

感觉和直觉描述的是个体获取信息的两种方式。感觉型的人倾向用视觉、听觉、触觉等方式获取信息，喜欢收集实际存在的信息，关注事实和细节。直觉型的人通过感觉、想象等方式获取信息，重视事件的全貌和远景，关注事实之间的关联，喜欢探讨发现新的可能性。详见表4-4。

表4-4　感觉（S）和直觉（N）的区别

感觉（sensing）	直觉（intuition）
关注当前的实际情况 关注真实存在的事物 观察敏锐，善于抓住细节 通过推理来得出结论 现实、具体 相信自己的经验	关注未来的可能 富于想象力和创造性 关注数据所代表的模式和意义 通过直觉很快得出结论 希望在应用理论前先对其澄清 相信自己的灵感

3. 决策的方式：思考 (T)、情感 (F)

思考和情感是描述个体处理信息和做决策的不同方式。思考型的人通过逻辑分析来做出决策，倾向于从局外人的角度来分析事物和问题，具有客观、理性、逻辑性强的特点。情感型的人通常以他人的感受为重，以自己的价值观为判定标准，善于理解他人，喜欢依靠情感来做出决策，具有同情心、主观、感性、和谐等特点。详见表4-5。

表4-5　思考（T）和情感（F）的区别

思考（thinking）	情感（feeling）
喜欢分析 运用因果推理 以逻辑的方式解决问题 喜爱讲理 可能显得不近人情 公平意味着每个人能得到平等待遇	喜欢对他人感同身受 受个人价值观的引导 追求和谐的人际关系 富于同情心 可能会显得心肠太软 公平意味着每个人都被作为独特个体来对待

4.行动的方式：判断（J）、知觉（P）

判断和知觉是个体与外部世界打交道的不同方式。判断型的人喜欢有计划、井然有序的生活，做事情有规律，喜欢做出决定并依照计划和安排完成任务。知觉型的人喜欢灵活、自发的生活方式，有强烈的好奇心，乐于发现新的事物，做事情比较灵活，善于理解和适应新的环境。详见表4-6。

表4-6 判断（J）和知觉（P）的区别

判断（judging）	知觉（perception）
有计划、有系统； 喜欢管理自己的生活； 爱制定各种计划； 喜欢把事情落实确定； 力图避免在最后一分钟才做决定	灵活随意； 开放； 适应性强； 不喜欢把事情确定下来，以留有改变的方向； 最后一分钟的压力会带来充沛的活力

（二）16 种 MBTI 类型

人的性格非常复杂，每个维度都会互相影响，只有将四个维度结合起来，才有助于正确理解个体的性格。在 MBTI 中，四个维度的两极组合成了 16 种人格类型。详见表4-7。

表4-7 16 种 MBTI 性格类型及特点

ISTJ 冷静、认真； 注重事实，讲求实际； 做事有系统、有条理、有计划； 传统、忠诚	ISFJ 友善、谨慎； 有责任感； 做事坚持到底； 关心他人的感受，替他人着想	INFJ 对他人有洞察力、尽责；能履行他们坚持的价值观念；希望了解什么可以激发人们的推动力；以谋取大众的最佳利益为理念	INTJ 有创意； 能够很快掌握事物发展的规律；一旦承诺，就会有条理地开展工作；使有怀疑精神，独立自主

续表

ISTP 容忍、有弹性；重视事件的前因后果；能快速找到问题的重点和解决办法；重视效率	ISFP 敏感、仁慈；喜欢有自己的空间；忠于自己所重视的人；不喜欢争论和冲突	INFP 理想主义者；有好奇心，很快看到事情的可能与否适应力强；忠于自己的价值观及重视的人	INTP 喜欢理论和抽象的事情；有弹性；有怀疑精神，喜欢批评，善于分析，喜欢探索
ESTP 有弹性、容忍；能通过实践达到最佳学习效果；重视现实，专注即时效益；喜欢与人交往	ESFP 外向、包容；热爱生命，爱享受物质生活；灵活、随性，易接受新朋友和新环境；与他人一起易达到最佳学习效果	ENFP 热情、热心；富于想象力；需要他人肯定，同时又乐于欣赏他人；信赖自己的临场表现和流畅的语言能力	ENTP 思维敏捷，机灵；能随机应变地对付新的挑战性问题；善于洞察他人；不喜欢一成不变，能灵活地处理各种新事物
ESTJ 果断；讲求实际；会关注工作的细节；系统地做事，会以强硬态度去执行所定的计划	ESFJ 有爱心，善于合作；渴望和谐的环境，并有决心去营造这样的环境；喜欢与他人一起工作；渴望他人欣赏他们所作的贡献	ENFJ 温情，有同情心反应敏捷，有责任感；能积极协助他人和组织的成长；社交活跃，有启发人的领导才能	ENTJ 坦率、果断，博学多闻，喜欢追求和传授知识；易看到程序和政策中缺乏逻辑和效率的地方；能有力地提出自己的主张

（三）MBTI 与职业的适配

在工作中，性格与职业的正确适配，可以为个体的职业生涯发展提供广阔的空间。16 种 MBTI 类型有各自与其适配的职业倾向，了解自己的性格属于哪种 MBTI 类型，就可以知道最适合自己性格的职业类别，从而有针对性地进行选择。详见表 4-8。

表 4-8　MBTI 16 种性格类型的职业倾向

ISTJ	ISFJ	INFJ	INTJ
会计	图书管理员	建筑设计师	媒体策划
侦探	营养师	心理咨询师	律师
房地产经纪人	教师	培训师	建筑师
行政管理	室内装潢设计师	网站编辑	设计工程师
天文学家	客服人员	职业咨询师	网络管理员
ISTP	**ISFP**	**INFP**	**INTP**
程序员	服装设计师	心理学家	风险投资人员
律师助理	厨师	人力资源管理	法律仲裁员
军人	旅游管理	大学老师（人文学科）	金融分析师
警察	护士	翻译	音乐家
消防员	按摩师	社会工作者	网站设计师
ESTP	**ESFP**	**ENFP**	**ENTP**
企业家	运动教练	艺术指导	投资银行家
股票经纪人	幼教老师	广告客户经理	广告创意总监
保险经纪人	演员	管理咨询顾问	主持人
土木工程师	公关人员	平面设计师	文案
职业运动员	销售员	演员	市场管理
ESTJ	**ESFJ**	**ENFJ**	**ENTJ**
预算分析师	零售商	制片人	教育咨询顾问
大学老师（工商贸易类）	饮食业管理	作家	投资顾问
物业管理	护士	杂志编辑	政治家
房地产经纪人	采购员	广告客户管理	房地产开发商
药剂师	运动教练	市场专员	法官

二、MBTI 在大学生职业定位中的作用

职业定位是要为职业目标与自己的潜能以及主客观条件谋求最佳匹配，良好的职业定位是以自己的最佳才能、最优性格、最大兴趣、最有利的环境等信息为依据。职业定位过程中要考虑性格与职业的匹配程度，职业定位是解决一个人职业发展的战略问题。首先，从战略上，要选择适合自己的性格的、并能最多地用到自己的天赋优势的职业，尽量选择能充分

发挥性格天赋优势的职业，避开自己性格天赋弱点的职业。这也是职业生涯规划的第一步，选定了适合自己的目标职业后，再看要在这个职业上取得成功，需要弥补哪方面的短处，改善哪方面的弱点。因此，扬长避短最重要的是扬"性格天赋"之长，避"性格天赋"之短。

（一）MBTI 会帮助人们了解自我的性格

按照 MBTI 的理论，某种性格的人会被某种职业所吸引。例如，ISTJ（内倾、感觉、思考、判断）类型的人会被财会、工程技术类的职业所吸引。如果能够从事这个职业，ISTJ 的人主导功能就能够被充分使用，从而获得职业的满足感。因此，对于择业来说，根据性格选择职业具有其一定的理论基础，而且，目前大部分国内的测评，都是根据性格选择职业领域，如根据 MBTI 理论进行测评。

一个人的性格与职业有较大的关系，性格与职业环境相符时，能最大限度地发挥主观能动性，工作起来既有激情又有方向；若性格与职业环境要求的落差很大，则工作起来既提不起兴趣又非常茫然。当个性与需要冲突时，个人应该适应社会和需求，通过培养、锻炼逐步发展自己。

基于 MBTI 的性格理论基础，心理学家与职业规划专家进行了长期的研究后发现，四种心理功能的不同组合（感觉＋思考，感觉＋情感，直觉＋思考，直觉＋情感）对于不同职业领域的人被吸引程度是不一样的。"感觉＋思考"类人群，容易被类似军人、财务审计类职业以及工程制造类职业所吸引；"感觉＋情感"类人群，容易被类似医疗护理、酒店餐饮、幼儿辅导等服务类职业所吸引；"直觉＋思考"类人群，容易被管理类职业、战略咨询类职业以及科研创造类职业所吸引；而"直觉＋情感"类人群，则容易被心理咨询、中高等教育以及宗教、环保、人文类的职业所吸引。

MBTI 理论就是将性格与职业之间建立起了一种对应的关系。性格与职业的结合，是一种基于自己最自然的行为模式与职业的结合，这种结合有助于发挥个体的主观能动性，而且可以促进个体自我的积极成长。但是，我们也通常能够调适自己的行为，去适应不同的职业要求，这又是一种不同的职业定位理论，就是所谓的行为职业定位理论。行为分为内在行为与外在行为，其中，内在行为是基于自然性格的行为，外在行为是经过人为调适过的行为，当然，内在行为的主观能动性最大，也最能够产生效益。因此，在对于未从业人员的职业指导中，我们通常采用内在行为指导技术；而对于在职员工的职业指导时，我们通常采用外在行为指导技术。

（二）MBTI 理论可以帮助我们了解自身的优势

MBTI 理论可以帮助我们更加深入、科学、全面地了解自己，了解自身的优势所在。什么是优势呢？优势，就是你做一件事情近乎完美的表现。优势主要取决于天生才干，以及后天习得的知识与技能。其中，才干（天赋），是发自天然的，油然而生的，持久的，并能够产生效益的思维、感觉与行动的模式，才干也是优势理论中最重要的因素。优势理论告诉我们，传统的"做一行，爱一行"的论调已经不太适应发展，"爱一行，做一行"才是主流思想。但关键是到底爱哪一行呢？这就涉及职业选择的问题，正如笔者在前面所提到的，可以按照性格进行职业定位，因为基于性格预测的行为模式是自然行为模式，使用自然行为模式最舒服，也越容易获得职业满足感。但是，个人是很难改变社会的，因此你不得不调整你的性格使自身的行为符合环境的要求，这就产生了所谓基于工作行为模式进行职业选择的方法，也就是基于已经调整过的外在行为模式去进行职业的定位。

（三）为学生提供自我探索和发展的依据

1. 探索自我个性特征

学生通过 MBTI 测试及结果分析，可以充分了解自己的个性特点、认知方式、思维方式以及决策方式，了解自己的性格及性格与生涯发展的关系，摸清自身的优势和劣势，通过对优势和劣势进行分析，及时调整自己，充分利用好优势，同时有意识地、主动地去修正自身劣势，减少负面影响。

2. 全面认知自己和他人

MBTI 性格测试能根据人的特殊性做出判断和分类，学生通过测评可以更加全面地认识自己和身边同学。能够意识到个性是个体的特殊性，无好坏之分，看待自己和他人应该是客观、辩证的，每个人的个性特质和他的生理条件、心理倾向、家庭状况、成长经历、性别都有关系。学生有这样的认知后，会更能够理解并接纳自己和他人。

3. 准确定位未来方向

当然最重要的是可以对自己进行准确定位，科学选定以后的发展方向。根据 MBTI 的理论，某种性格的人会更适合某种职业。如果能够从事和自己性格特征更符合的职业，其职业满足感和幸福感就会大大提升。所以，MBTI 会帮助学生认清自我，发挥自身优势，扬长避短，成功进行未来定位。

（四）为教师提供教育和管理的依据

在教学过程中，教师需要对每一位学生都了解，清楚他们的个性特点，这是做好生涯规划教育工作的前提。而在现实工作中，要能全面地、准确地了解每一位学生，不是一件容易的事情。因为部分性格特征是很难通过观察了解到的，有时候学生会在他人面前表现出和自己内在实际不一样的行为方式，再加上教师本身的主观判断，会导致教师对学生的认识出现偏差。如果有科学的测试数据做参考，教师对学生的情况就会更加了解，就能更精准地指导学生。

1. 精准的个体指导

通过对 MBTI 测验结果的分析，教师可以发现学生的性格优势，引导他们看到自己的长处，帮助他们树立起自信心。同时发现存在的不足和问题，对于不足之处，教师可以为他们提供针对性的建议，从学生的实际情况、个别差异出发，有的放矢地进行有差别的指导，使每个学生都能获得最佳发展。总之就是对于不同的学生要做到因材施教，用最适合其特点的方法去对待不同的学生，进而做到科学、准确的教育指导。

2. 科学的团体管理

教师也可以根据 MBTI 理论，在教学和团体管理中做到科学实施。在日常班级教学和管理中，教师在进行学习小组划分、宿舍成员组成、班干部选拔、学科项目分组、教学思维训练等方面也可以参考 MBTI。

第五章　自我认知和定位——技能

第一节　能力概述

一、能力、技能和职业能力

（一）能 力

哈佛大学的加德纳认为，能力倾向（即潜能或智力）是多元的，是由同样重要的多种能力构成的，这就是著名的多元智能理论。他提出，人类的智能至少可以分成八个范畴：

（1）语言智能（Linguistic intelligence），是指有效的运用口头语言或文字表达自己的思想并理解他人，灵活掌握语音、语义、语法，具备用言语思维、用言语表达和欣赏语言深层内涵的能力结合在一起并运用自如的能力。他们适合的职业是：政治活动家、主持人、律师、演说家、编辑、作家、记者、教师等。

（2）数学逻辑智能（Logical-Mathematical intelligence），是指有效地计算、测量、推理、归纳、分类，并进行复杂数学运算的能力。这项智能包括对逻辑的方式和关系，陈述和主张，功能及其他相关的抽象概念的敏感性。他们适合的职业是：科学家、会计师、统计学家、工程师、电脑软件研发人员等。

（3）空间智能（Spatial intelligence），是指准确感知视觉空间及周围一切事物，并且能把所感觉到的形象以图画的形式表现出来的能力。这项智能包括对也彩、线条、形状、形式、空间关系很敏感。他们适合的职业是：室内设计师、建筑师、摄影师、画家、飞行员等。

（4）身体运动智能（Bodily-Kinesthetic intelligence），是指善于运用整个身体来表达思想和情感、灵巧地运用双手制作或操作物体的能力。这项智能包括特殊的身体技巧，如平衡、协调、敏捷、力量、弹性和速度以及由触觉所引起的能力。他们适合的职业是：运动员、演员、舞蹈家、外科医生、宝石匠、机械师等。

（5）音乐智能（Musical intelligence），是指人能够敏锐地感知音调、旋律、节奏、音色等能力。这项智能对节奏、音调、旋律或音色的敏感性强，与生俱来就拥有音乐的天赋，具有较高的表演、创作及思考音乐的能力。他们适合的职业是：歌唱家、作曲家、指挥家、音乐评论家、调琴师等。

（6）人际智能（Interpersonal intelligence），是指能很好地理解别人和与人交往的能力。这项智能善于察觉他人的情绪、情感，体会他人的感觉感受，辨别不同人际关系的暗示以及对这些暗示做出适当反应的能力。他们适合的职业是：政治家、外交家、领导者、心理咨询师、公关人员、推销等。

（7）自我认知智能（Intrapersonal intelligence），是指自我认识和善于自知之明并据此做出适当行为的能力。这项智能能够认识自己的长处和短处，意识到自己的内在爱好、情绪、意向、脾气和自尊，喜欢独立思考的能力。他们适合的职业是：哲学家、政治家、思想家、心理学家等。

（8）自然认知智能（Naturalist intelligence），是指善于观察自然界中的各种事物，对物体进行辩论和分类的能力。这项智能有着强烈的好奇心和求知欲，有着敏锐的观察能力，能了解各种事物的细微差别。他们适合的职业是：天文学家、生物学家、地质学家、考古学家、环境设计师等。

（二）技能

能力按获得方式不同，一般分为能力倾向和技能两大类。能力倾向是指上天赋予的特殊才能。比如音乐、运动能力等。而技能是指经过后天学习和训练而培养的能力。

辛迪·梵和理德·斯将技能分为三种类型。

1.专业知识技能

如果把知识看成是一种信息的话，那么知识性技能则是将信息进行分类、加工、整合等应用的一种能力。即知识本身是静态的，而知识性技能则是一种动态的表达。这类技能与专业学习或工作内容直接相关，需要经过有意识、专门的培训获得，不能迁移。专业知识技能并非只通过正式专业教育才能获得。它的获取还有下列途径：课程学习，课外培训、辅导班、自学、专业会议、讲座或研讨会、资格认证考试、证书、上岗培训、爱好、娱乐休闲、社会实践、社团活动、家庭责任等。

专业技能分为基础技能和专项技能。基础技能指从事专门职业所必须掌握的最基本技能。较高层次技能的培养依赖于基础技能的掌握。以师范生为例，不管是历史、中文，还是数学或物理专业的学生，作为未来的教师，都应具备基础的教学技能，如表述技能、书写技能、信息处理技能等，即要有标准的普通话和良好的语言表达能力、扎实的三笔（钢笔、粉笔、毛笔）基本功以及应用现代教学媒体的能力等。这些技能都是教师不可或缺的技能，是教师的基本功。

专项技能指从事某种职业所必须掌握的某项或某几项能力。专项技能是在基础技能的基础上进一步发展起来的能力。它对于不同职业的从业者提出了更高的要求。如教师在掌握了基础技能外，在课堂上还应有板书变化技能、提问技能、强化技能、练习指导技能、课堂组织技能、教学技能的综合运用等。专项技能的高低决定了择业顺利与否，也决定了未来事业的成败。

2.自我管理技能

良好的自我管理技能能够帮助个体更好地适应周围的环境、应对工作中出现的问题，因此它也被称为"适应性技能"。自我管理技能经常被看作个性品质，被用来描述或说明人具有的某些特征，常以形容词或副词的形式出现，例如仔细的、慷慨的、喜悦的、欢快的、聪明的、高尚的等。自我管理技能无论是一个人先天具有的，还是后天习得的，都需要练习，也可以从非工作领域转换到工作领域。

3. 可迁移技能

人们所获得的各种技能之间可以相互作用，已经掌握的技能可能对新的技能起促进作用，也可能妨碍学习新的技能。这种现象叫作技能的迁移。迁移技能的特征是它可以从生活的方方面面，特别是工作之外得到发展，而且可以迁移应用于不同的工作之中。因此，也被称为"通用技能"。

（三）职业能力

与职业相关的能力指的是"职业能力"，它是人们从事某种职业的多种能力的综合。

例如教师只具有语言表达能力是不够的，还必须具有对教学的组织和管理能力，对教材的理解和使用能力，对教学问题和教学效果的分析、判断能力，对学生学习的指导、启发能力。

一定的职业能力是胜任某种职业岗位的必要条件，任何一个职业岗位都有相应的岗位职责要求，一定的职业能力则是胜任某种职业岗位的必要条件。因此，求职者在进行择业时，首先要明确自己的能力优势以及胜任某种工作的可能性。条件允许的情况下，可以由专业职业指导人员帮助分析，根据求职者的学历状况、职业资格、职业实践等来确定求职者的职业能力，必要时可以通过心理测试作为参考，在基本确定求职者的职业能力和发展的可能性的基础上帮助求职者进行职业选择。

职业能力是决定一个人能否进入职业的先决条件，也是一个人能够胜任工作的客观条件。无论从事何种职业，都要有一定的技能作为保证。在一个人的职业生涯中，要从事多种社会生产生活活动，必须具备多种能力与之相匹配。职业能力能够说明人的能力在不同领域的表现情况，即在某些领域具有良好能力表现，而在另一些领域的能力可能相对欠缺。了解自己的能力倾向，并根据职业活动对职业技能进行培养，对于职业生涯发展意义重大。

二、职业决策自我效能感

（一）职业决策自我效能感的定义

职业决策自我效能感，也译为"择业效能感"，首先源自班杜拉的自我效能感理论。班杜拉认为，自我效能感即在实现某些预期目标时，个体对自身能力的信念和评估。[①] 为了深入理解这一概念，下面将从三个方面进行阐述。

1. 职业自我效能感

自我效能感理论提出之后，关于自我效能感的研究逐渐深入到工作与生活中的各个领域。1981 年，哈克特和贝兹把班杜拉的自我效能感理论引入到职业心理学中，对职业自我效能进行了如下定义："人们对其从事特定职业应有能力的信心程度。"[②] 伦特和哈克特丰富了其内涵，认为职业自我效能是指"个体对与职业选择和职业调整有关的范围广泛的行为的效能判断的总称"[③]。贝兹和哈克特后来调整了他们对职业自我效能感的界定，又将其定义为"个体对实施与职业有关的行为、教育和职业的选择，以及对其坚持性的信念"[④]。

2. 职业决策

职业决策自我效能感的另一个来源是职业决策理论。职业决策最早来源于英国经济学家凯恩斯的经济学理论。他认为，个体在选择职业目标时，以最大收益和最小损失为标准。杰普森指出，个体可以通过职业决策的复

---

① 李莉，马剑虹. 大学生职业决策自我效能以及归因研究 [J]. 应用心理学,2003,9(6)：3-6.

② HACKETT G,BETZ N. E.A Self-efficacy Approach to the Career Development of Women [J].*Journal of Vocational Behavior*,1981（5）：8.

③ LENT R W,HACKETT G.CAREER Self-efficacy:Empirical Status and Future Directions[J].*Journal of Vocational Behavior*,1987（9）：10.

④ BETZ N E,HACKETT G.Applications of Self-Efficacy Theory to the Career Assessment of Women[J].*Journal of Career Assessment*,1997（11）：22.

杂认知过程来归纳与自我、职业环境相关的信息，然后认真比较几种可供选择的职业的优劣之处，最终根据考虑的结果做出职业选择，这是目前比较有代表性的一种观点。

3.职业决策自我效能感

职业自我效能感的一个方面，也是研究者最为感兴趣的领域，是个体在其职业行为过程中产生的自我效能，也就是职业决策自我效能感。过去的研究发现，高职业自我效能者很少会对职业产生犹豫，他们在进行职业选择时，其选择范围较低职业自我效能者更广。泰勒和贝兹最终给出了职业决策自我效能感的概念：在职业决策过程中，个体对其成功完成相关任务、目标应具有能力的自我评估与信念。[①]

（二）职业决策自我效能感相关理论

1.自我效能感理论

班杜拉回顾以往研究之后发现，过去的理论和研究都过分关注个体习得知识及其行为的类型，却并没有考察二者相互作用的心理机制。而个体自身的特质会影响知识与行为之间的联系，因而会出现这样的情况：人们虽然头脑明晰应该做出的反应，但实际行动时却不能符合预期效果。鉴于此，1977年，班杜拉在其论文《自我效能：关于行为变化的综合理论》中提出了"自我效能感"的概念，认为行为的实现要受到个体对自己能力的评估与信心的调节。1986年，班杜拉在其著作《思想和行为的社会基础》中对自我效能感进行了更加系统全面的论述。

班杜拉认为，自我效能感的形成有以下几个信息源：（1）个体成败经验。通常，个体的成功经验能够增强其自我效能感，如果多次失败的话，其自我效能感将会减弱。同时，人们对自我效能感的评价会受归因风格的影响，当个体把原因归结为外部、不可控因素时，就不能促进自我效能感的提高，而将失败归结于内部、可控因素则不一定会减弱自我效能感。

---

① Taylor K M，Betz,N. E.Applications of Self-efficacy Theory to the Understanding and Treatment of Career Indecision[J].*Journal of Vocational Behavior*,1983(22):63-81.

（2）替代性经验。和自己水平等级相同的人的成功有助于提高个体的职业自我效能。（3）言语说服。当一个人遇到失败时，外界的鼓舞、说服、安慰甚至自我规劝，都能够促进其自我效能感的增加，但言语说服要有相应的经验基础。（4）生理状态和情绪唤醒。自我效能感受到情绪和心境的影响。当个体处于积极情绪状态时，其自我效能感会随之提升，但如果个体处于负向、消极的情绪状态中，其自我效能感就会相应减弱。当个体处于良好的生理状态时，其自我效能感也会提高。而如果生病或疲惫时，个体的自我效能感则会减弱。

班杜拉指出，个体对自我效能感的评估可以从以下三个方面进行：（1）难度。指个体对自己完成不同难度和复杂程度的活动所需能力的预期。（2）强度。指个体对完成不同难度和复杂程度的活动或任务的能力的自信程度。（3）广度。指以往成败经验能以一个特定的行为方式影响一个人对其自我效能感的评估。自我效能感有以下几个功能：（1）影响个体的活动选择以及是否能在活动中一直坚持下去。（2）决定个体面对挫折时的心态。（3）促进人们更好地掌握新行为以及决定人们习得行为的表现情况。（4）影响在活动时个体的情绪及状态。班杜拉提出自我效能感理论之后，受到了心理学界的热切关注，自我效能感被运用在不同的研究之中，这些研究一致表明，自我效能感能够很好地解释人在社会生活中的行为特点。正是在这种背景下，哈克特和贝兹开始运用自我效能理论来解释人类的职业相关行为，扩大了研究视野。

2. 职业决策理论

早在20世纪初，研究者们就对职业决策进行了初步探索。帕森斯于1909年提出最早的职业决策模型。帕森斯的模型集中探讨了以下三个方面：（1）个体能明确认清自己的能力、兴趣、优势、缺点等。（2）个体能全面了解自己对工作的期望、对成功的追求以及工作机遇和前景。（3）个体对前两者之间关系的判断。帕森斯的模型意义重大，直至今日，依然应用在职业咨询实践中。

20世纪50年代起，研究者们提出了许多职业决策理论模型。但由于理论家们所持的立场不同，加之职业决策本身就很复杂，因此，这些模型有着各自的特点，没有哪一种模型能够单独做到全面、准确地描述职业决策过程。国外学者菲利普将这些理论模型分成了两类：理性模型和非理性模型。表5-1简要地概述了这些模型。

表5-1 职业决策理论模型归纳

模型名称	模型类型	主要观点
Tiedeman模型	理性模型	认为职业决策的过程包括意识和探究阶段、职业替换认同和选择认同、澄清决策如何实施等。
CIP理论	理性模型	认为有效的问题解决所必需的知识和技能可以被看作一个按等级排列的金字塔。
Krumboltz模式	理性模型	把职业决策步骤分为：界定问题、设立行动目标、澄清价值、认同替换、发现可能的结果、系统地消除可选项和开始行动。
逐步消除模型	理性模型	认为工作的属性可以根据重要性来排序，每种属性都有一个可接受的范围，拥有在可接受范围之外属性的工作被消除掉，重复这个过程，直到只有少数几个为止。
Gelatt模式	理性模型	认为职业决策过程包括以下几个必不可少的活动：评估可能的结果、权重这些结果的价值和选择适当的活动。
PIC模型	理性模型	将决策过程分为四个阶段：预先筛选分阶段、深入分析阶段、做出选择阶段、执行决定阶段。
期望效价决策模型	理性模型	个体根据自己的偏好和价值进行择优选择。
适应决策模型	非理性模型	强调有多种多样的决策者，例如直觉决策者、情感决策者和模仿决策者等，而不限于理性决策。
AI模型	非理性模型	认为人类的大部分决策过程和决策行为是在意识水平之下进行的。
Gelatt的"积极的不确定论"	非理性模型	认为决策是一种非序列性、非系统性、非科学性的人类历程。

随着研究的不断细化和扩展，出现了一些与职业决策理论相关和相似的概念与领域，如职业匹配理论、职业决策困难、职业决策自我效能感、职业价值观等。其中，职业决策自我效能感是一个很重要的领域。

（三）大学生职业决策自我效能感分析

1. 大学生职业决策自我效能感总体特征

大学生职业决策自我效能感水平较高，说明面对严重的就业形势，大学生们已经有所准备，并且信心较高。然而个体之间的差异较大，这提示我们高校职业指导工作还不够完善，要多关注那些职业决策自我效能感低的大学生，指导他们提高职业决策自我效能感。大学生收集信息的能力较高，这在很大程度上是由于互联网的迅速发展，各大招聘网站为应届毕业生招聘设置了专栏，使大学生能够方便有效地查找招聘信息，搜索引擎涵盖丰富的信息资源。大学生们熟悉互联网，足不出户就能熟练地查找各类与职业相关的信息。大学生的自我评价较高，说明大学生们对自身的能力信心比较足，认识到自身的优势。但不排除有些大学生自信过度，最后容易导致目标定位过高，难以找到符合自己期望的工作。近些年来，随着高校越来越注重对大学生的职业生涯规划能力的培养，相关课程以及各种职业生涯规划设计大赛受到了大学生们的积极响应和广泛参与。大学生们已经意识到职业生涯规划的重要性，并开始付诸实践。但同时存在大学生解决问题的能力较弱的情况，缺乏独立解决问题的亲身实践，因而面对职业方面的困难，会显得不知所措。大学生选择项目的能力较差，可能是由于现如今可供大学生选择的职业类型越来越多，且许多岗位对专业都没有严格的限制，面对各种可能的选择，大学生难免会感到迷茫与困惑。

2. 大学生职业决策自我效能感差异分析

（1）性别因素对大学生职业决策自我效能感的影响。在学生性别比较中男生的职业决策自我效能在得分上是明显高于女生的，虽然女生也对自己的兴趣、能力有清晰的认识，但在具体行动能力上，却不如男生。这可能是由于受传统文化观念的影响，许多男性认为自己担负着比女性更重要的责任，要事业有成，养家糊口，因此有着更为清晰明确的目标和规划，并付诸实践。且由于女性看待问题时更为感性，不太偏向于做长远打算，因而表现出较低的职业决策自我效能感。

（2）年级因素对大学生职业决策自我效能感的影响。大学新生刚刚经历了高考的洗礼，对自己能够考入大学充满了成就感，因此，信心感也很强。有研究发现，一般自我效能感与职业决策自我效能感相关性很强。同时，有不少高校为大学新生开设了职业相关的课程，能够较早地对大学生进行职业指导，培养其自主就业的能力。而高年级的大学生更是直接面对着严峻的就业形势，为能找到合适的工作做着各种努力。由此看来，当代大学生们大多能较早地为就业做规划和准备，因此，年级之间并不存在显著的差异。

（3）专业因素对大学生职业决策自我效能感的影响。有言道，三百六十行，行行出状元。经济的飞速发展，需要各行各业的人才。因此，无论是理科、工科，还是文科、艺术科，都能在职业的洪流中找到自己的一席之地。同时，网络的发达可以使学生们在课余时间更加方便地学习多种其他技能，而不仅仅局限在自己的专业上，从而成为社会需要的复合型人才。一些岗位注重的是大学生的综合能力，对专业没有严格限制，各个学科的大学生都能应聘。因此，专业对大学生的职业决策自我效能感没有显著的影响。

（4）独生与否对大学生职业决策自我效能感的影响。当今社会越来越注重公平，独生子女与非独生子女拥有着平等的学习与就业环境，他们都可以充分利用各种渠道进行学习和了解。同时，独生子女与非独生子女面临着同样的就业压力，他们对此都有危机意识，都期望能够依靠自己的能力找到理想的工作。因此，其职业决策自我效能感差异不显著。

（5）生源地对大学生职业决策自我效能感的影响。现如今，城乡之间的差距在不断缩小。网络的畅通使农村学生也能够便捷地接触到各种学习资源。从就业机会来说，农村毕业生和城市毕业生是均等的。企业更注重的是求职者的个人能力与特质，很少有企业会对求职者的户籍做限定。农村学生对自己各方面能力的信心并不比城市学生弱。因此，城市与农村大学生职业决策自我效能感差异不显著。

三、能力与职业发展的关系

（一）能力是职业选择的现实基础

能力，是一个人能否进入职业的先决条件，是能否胜任职业工作的主观条件。无论从事什么职业总要有一定的能力作保证。社会上任何一种职业对工作者的能力都有一定的要求。如会计、出纳、统计等职业，工作者必须有较强的计算能力；对于工程、建筑及服装设计等职业的工作者要具备空间判断能力；对于运动员、飞行员、外科医生、舞蹈演员等职业的工作者则要具备眼与手的协调能力。人在其一生之中，要从事各种各样的社会生活和社会生产活动，必须具备多种能力与之相适应。职业能力是个体客观具备的，是其进行职业选择的现实基础。个体只有具备相应的职业能力，才能胜任相应的职业工作任务。否则，任何的职业选择都毫无意义可言。

（二）能力与职业选择相匹配

不同的个体之间存在能力的差别，不同的职业也有不同的能力要求，因此，进行职业选择时，要充分考虑能力与职业的匹配。一方面，应当注意一般能力与职业之间的关系。一般能力是多数职业的共同的基本要求，具有通用性。因此，进行职业选择前就首先要具备一般能力。另一方面，应当注意特殊能力与职业的关系。如同盖房用的木料，粗者为梁，细者为椽，直者为柱，曲者为拱，整者为门，碎者为窗，硬者为面，软者为里，各有所用，各得其所。在选择职业时不能好高骛远或单从兴趣爱好出发，要实事求是地检测一下自己的学识水平和职业能力，这样才能找到有"用武之地"的合适工作。

第二节　大学生职业能力的培养与提升

一、影响职业能力发展的因素

能力的形成受多方面因素的影响，基本上包括以下五个方面：

（一）天赋遗传

天赋是人与生俱来的某些生理特征，是能力发展的硬件设施和自然前提。研究表明，遗传因素的作用是重要的，同卵双生子之间的智商相关联是最高的，无血缘关系者之间的智商相关联最低。遗传因素是能力发展的自然基础，决定着能力发展的可能性。对于遗传潜力大的人，后天环境对其能力发展的影响也大。每个人都有一定的遗传优势和不足，你可以发现你的优势并好好地利用它，同时发现自己的不足，通过努力去克服或者通过其他方式补偿改变。

（二）环境因素

环境是指客观现实，包括自然环境和社会环境。心理学认为，每个人从遗传基因中所得的潜在能力不同，但这种潜能开发到何种程度取决于环境。越来越多的心理学研究都证明，早期环境对能力的形成和发展具有重要影响。胎儿的产前环境（即在母体内的环境）对胎儿的生产发育和出生后的智力发展有着重要的影响。父母在儿童 1～3 岁时期采用的教养方式会决定孩子一生的主要性格特征，从而影响孩子能力的发展。

教育对能力形成和发展所起的作用是系统性的，学生通过系统地接受教育，能力也不断得到发展。教育是掌握知识和技能的具体途径和方法，对职业能力的发展起着主导性作用。教育不仅能使个体掌握知识和技能，还能改变其思维方式，培养创造欲和创造能力。随着科学技术的发展，已有的知识和技能会逐渐被淘汰，每个人都必须做好接受再教育或职业培训的准备，以更新知识体系，获取新的劳动技能。

（三）实践活动

人的各种能力是在大学生社会实践活动中最终形成和发展起来的。大学生社会实践的价值对各种特殊能力的发展起着促进、检验和制约的作用，不同工作制约着能力的发展方向。同时，不同的大学生社会实践的价值活动向求职者提出了不同的要求。虽然掌握知识对于能力发展是重要的，但越来越多的科学家认识到，个人直接经验的积累在人的能力发展中有着不可替代的重要作用。我国古代思想家王充指出"施用累能"，即指能力是在使用中积累的。

（四）个性品质

兴趣和性格与个体的能力发展密切相关，它们决定个体的能力倾向，是形成能力差异的关键因素。大学生应有意识地培养一些兴趣，减少性格中不好的成分，以适应工作的需要，完善自我。在实践活动中优良的品质对能力的形成和发展具有重要的意义，如勤奋、谦虚和坚强的毅力等都有助于能力的形成和发展。有些人虽然天资聪慧，但由于缺乏勤奋，最终事业无成。有些人虽然天生智力并不优越，但通过勤学苦练，也会取得事业的成功。

（五）社会环境

个人职业能力的发展同样受到社会客观环境的制约，这是因为社会制度本身具有激励和约束两方面的作用。个人能力的发展方向如果与社会的激励方向一致，发展速度就会比较快，并受到帮助与尊重，也容易获得符合能力发展方向的工作；反之，个人能力的发展方向如果与社会的激励方向不一致，就容易被社会因素所约束，难以实现个人的发展。

二、提高技能的途径

（一）课内学习

课内学习为学生培养专业技能创造了良好条件。学生要充分利用学校的各种资源，积极培养自身的专业技能，为成就未来的事业打下坚实的基础。

1.主动参与课堂教学

课堂教学是大学生在校学习的主要形式。学生应主动参与到课堂中的讨论、练习（包括口头、书面）、实际操作（模仿性的和创造性的）等活动中去，深刻感受知识的内在美，逐步养成良好的习惯，不断提升自己的专业能力。

2.广泛参加"第二课堂"

"第二课堂"是指课外的学习和各种实践活动。这一领域的开辟，对学生就业起到了很好的推动作用。学生应积极参加到各种"第二课堂"中去，如学术讨论会、读书报告会、朗诵、演讲、写作、书法等，并在此基础上，根据自己的爱好和特长，积极参与各种社团活动。学生可以充分发挥自身的主动性、独立性和创造性，可以有意识地从工作需要出发锻炼自己。

（二）课外培养

对于学生们来说，要在实践活动中提高技能，从实际工作或环境的需求出发去寻找相应的知识与能力。获取知识的方式有很多种，随着互联网的进一步发展，为学习者提供了非常广阔的学习平台。也可以通过课外活动培养发现问题和运用专业知识解决问题的能力。通过课外实践活动的锤炼，技能会在点滴之间得以积累。

提高大学生技能的课外途径主要有：

（1）积极争取各种实习机会，选择与职业目标相对应的行业及岗位实习。

（2）积极参加社会实践活动，参与专业技能大赛、教师的科研项目等。

（3）参加职业技能培训。

三、职业能力发展和职业成长

（一）职业能力的内涵

1. 职业能力的结构观

有学者认为，能力是进行特定活动不可或缺的本性心理特性的集合，结构观视角是从职业能力的内涵结构和能力层次来阐释职业能力的组成要素，职业能力的层次结构分为纵向和横向两部分，纵向层次有：基础职业能力和关键能力；横向层次有：社会能力、方法能力和专业能力。有学者认为学生应掌握生存就业的基本能力、持续就业的支撑能力和职业发展的增长能力。职业能力的结构观没有关注职业能力发展过程和真实工作情境，仅仅对职业能力进行了描述，但这种描述不能展现职业能力的关键。

2. 职业能力的本质观

职业能力的本质观关注职业能力是什么的问题。职业能力是各种心理成分的集合，包括分析能力和判断能力，以及在真实工作情景中的理解能力，与职业教育的实际需求相符合。心理成分是组成职业能力的核心成分，心理要素在不同职业能力中的比例不一样，职业能力的培养目标是把各种不同的心理要素互相紧密结合在一起，让具体工作要素与实际专业知识互相联系。这些联系的具体内容一般是随着时间和空间的变化而发生着变化，然而这些联系是培养职业能力的焦点和关键，可以认为职业能力形成过程等同于把专业知识与工作任务要素之间联系起来。由此可以知道，职业能力的养成既离不开具体的联系内容，又需要经常在知识和工作中创立联系。

3. 关键职业能力

UNESCO（联合国教科文组织）对关键职业能力的定义：个体获取特定领域工作需要的内容需要具备广泛的专业知识和基础职业能力，具有这种能力，选择职业时才能突破限制，从一个领域转向另一个领域。各种能力都有各自不同的功能，然而仅有部分职业能力是关键的。关键能力不属于具体专业能力，而归类于社会能力、个人能力和方法能力的高级成长阶段。关键能力超越了专业职业能力和知识范畴，对从业者未来发展起着关键作用，是从业者综合职业能力的重要部分。如果个体能具有关键能力并且能将关键能力内化为个体自己的基本素质，就非常有可能在变化的环境（职业发展变化或社会变化）里再次获得职业能力和专业知识，从而能让自我的发展具有连续性。

（二）职业能力的发展阶段和职业成长

1. 职业能力发展的阶段理论和职业成长的逻辑发展规律

本耐、德莱福斯和劳耐尔提出了职业能力发展阶段理论，分析了从新手到专家的五个发展阶段，并描述了每个阶段的能力特征、能做出的行动及向更深阶段发展所需要的专业知识类型和学习内容。

比较新手与实践专家职业能力之间的实际差距，厘清从新手成长为实践专家不可或缺的过程和条件，是职业教育教学设计的重要依据，同时也是职业教育课程开发的理论基础。职业能力发展从个人经验开始，最后还要回归到个人经验。与工作任务相关的专业知识只可能作为从新手发展为实践专家的预备，需要基于个体经验来形成完善的知识体系，只有如此才有希望成长为实践方面的专家。

广大院校针对在校学生开展课程开发和教学设计的时候，应根据职业成长的逻辑规律来设计和规划课程安排的序列。学习者的个人职业成长既包括专业知识的掌握和积累，还包括从开始能胜任初级工作任务到后来能胜任复杂工作任务的个体职业能力成长过程，这种特殊的能力发展过程就是从初学者到实践专家的职业能力成长过程，不同的知识形态对应着不同的成长阶段。因此，应该采取科学可行的方法和有用载体，把个体从低级发展阶段科学地引入到高级复杂的阶段。

2. 实践专家的特征和本质

（1）不同领域的实践专家都具备相当丰富的特别性知识。这种实践专家类型的知识有鲜明的领域独特性。对比新手，实践专家往往可以充分运用资源进行问题表征和开展策略性思考，也就是说能更好地进行深刻思考和实践。相比新手，实践专家的优势在于能快速和精准地触及问题的关键，能更好地面对和迅速融入不一样的工作情景和工作现场。专家在解决问题时必然要使用自己总结的策略，而新手一般情况下不懂得如何使用策略。

（2）实践专家的行为特征。从心理学角度来看，在解决问题的时候，实践专家的心智过程更多表现为较高自动化。实践专家一般具备较高的自动化处理能力，这种能力使实践专家行为技能的比重远远超出新手。从心理学角度来看，实践方面的专家在解决问题时运用经常能自动选取线索来源的知觉通道，科学选取、调配、整合资源，为构建可能的假设准备较多的背景知识，自动提供信息更新和假设形成的工作平台。一般情况下，在完成线索搜集后，实践专家通常能通过线索的整合来建构问题空间，建立对具体问题的理解和表征，并解决问题。

（3）实践专家的动作特征。随着实际工作任务的复杂化和精细化，越来越注重实际操作职业能力，这就要求工作者要快速和准确应对，要具备较高的双重能力标准。但是，从事简单工作的一线操作人员经常会面临当他们过于注重速度的时候会导致产品质量下降的问题，反之亦然。相比较而言，具有丰富的实践工作经验的实践专家一般可以根据具体的情境和实际需求来科学安排工作，同时能权衡和把握利弊。这种高度熟练的实际操作职业能力，离不开长期练习和不断反馈，由于实际操作职业能力中还包含许多认知因素，离不开实践专家将心智思维能力与身体运动能力结合起来。

（三）不同视野下的职业能力和职业成长

1.生涯观视角

职业能力发展成长离不开长期的积累，职业能力水平的提升既离不开个体付出，又离不开职业生涯发展路径的科学选择，个体的职业生涯方向的选择能深刻影响个体职业能力养成的连续性。个体的职业兴趣、职业价值观间接地影响着职业能力的发展和养成方向。从新手到实践专家的职业能力发展历程往往表现出各不相同、各有特色、不可复制的特点，这是由于专业领域不尽相同，并且每个人的职业生涯都有不同的发展路径。在职业能力养成中，职业兴趣是个体行为的重要动力来源，兴趣和爱好也是个体在工作中持续获得学习资源并进行专业训练的关键因素之一。职业兴趣在一定程度上决定了个体选择的职业类型和个体职业生涯发展路径，影响了个体职业能力的发展起点和发展方向。职业的价值观往往决定着个体职业发展中的追求，也就是说个体获取职业能力的终极目的是个体的职业追求与职业价值观达到一致。相比个体的职业兴趣，个体职业价值观的塑成往往需要更多的时间，也是较高程度的内在要求，个体职业价值观在塑成以后不容易改变。当职业价值观与实际工作相符的时候，个体在工作中可以获得更多的成就感，这样就为职业能力的发展提供了空间和平台。

2. 知识观视角

知识是个体职业能力发展的基础条件，实践专家的重要特征是在本领域有丰富的特殊性知识且知识结构良好。一般来说，工具的活动是按照技术规则来进行的，同时技术规则又是以经验知识作为基础的。因此可知，实践专家的优势在于比新手有更多的结构化知识。职业能力的养成和提高离不开对大量有关个体成长知识和相关知识的优化，这是个体职业能力稳定发展的重要保障。实践专家的知识结构中同时包含显性知识和隐性知识，隐性知识分别有基于言语、身体、元认知和社会文化的。实践专家与新手最明显的不同是实践专家具备基于身体和元认知的隐性知识图。具备基于身体隐性知识使实践专家表现出较高的职业操作能力，具备基于元认知的隐性知识使实践专家具有解决问题并且能进行认知加工的能力。个体职业能力发展的核心要素是真正对隐性知识的熟悉和融通，这对于新手成长为实践专家是必不可少的。实践专家不仅有熟练的实际操作能力，更重要的是实践专家能独立解决面临的问题，这种高级职业能力离不开隐性知识的积累。高校作为人才培养的主体，应该通过强化实践技能促使学生初步掌握隐性知识。广大院校培养学生职业能力的过程中要向本专业最新的技术领域开放，要面向企业、行业和劳动力市场开放，还要面向认知科学领域开放。只有经过持续不断的实践锻炼，学生才能将内在的知识转化为职业能力，并成长为高水平的实践专家。

3.训练观视角

提高个体职业能力发展最直接最有效的因素是训练，个体要成长为实践专家离不开长期训练，这就要求个体对自己的专业领域进行长期不断的钻研。新手要成长为特定领域的专家，离不开实践活动，这种实践活动主要体现在专业训练。训练阶段是个体进行经验积累和掌握规律的关键，是从学习专业知识向专家职业能力发展的重要过渡。新手要发展成长为实践专家需要具有丰富的专业经验，但仅仅具有专业知识远远不够。新手要成长为实践专家必须进行特定的专业训练，特定的专业训练不仅能使专业知识转化为职业能力，而且也是个体持续进步的核心要素。因为特定的专业训练可以使个体得到非常直接的经验，从其他方面的学习途径获得的通常是间接经验。不同于常规职业能力获得，通过专门训练，专家职业能力可以持续提高。特定的专业训练一般包含各种训练部分和单元，不同训练单元和项目针对性各不相同，要实现较好的效果离不开训练单元和项目合理有效的组合。专门训练数量和质量是确保个体职业能力水平提高的基本条件，专门训练的复杂性使得个体能摆脱简单的经验积累，实现可持续的发展。

4.反思实践观

反思实践是实践专家职业能力发展过程中不可缺少的核心环节。作为从思想到行动或从行动到思想的循环往复过程，反思实践从认知加工的角度来进行分析，反思与解决问题的策略相联，离不开元认知的过程。专家借助具体行动之前的反思行为来解决问题，但单靠理论学习不能获得这种能力。个体从新手成长为实践专家，不需要固定的反思实践模型，而是要发现影响个体自身有效反思实践的因素，促进个体自身进行反思实践。职场伙伴的互相学习是专家职业能力养成的重要途径，通过同伴之间的互相学习，可以获得更多全新知识经验并促使个体在实践中开展更多的反思。

同伴可提供新的思考视角，可能使个体拥有更大范围的思维空间，实现思路拓展。个体进行反思实践的过程中经常会遇到困难问题并难以抉择，这时善于进行反思的个体往往可以把难题进行内化，实现个体自身的专业实践能力提升。

（四）高校在学生职业能力发展成长中的作用

1.对学生进行科学合理的职业成长指导

高校学生无论是在校期间还是毕业以后，个体职业能力的成长都离不开专业知识的持续学习，要通过参与持续不断的专业训练，将职业兴趣和职业爱好转化为学习和训练的驱动力。现实情况显示，职教学生的生涯选择往往是盲目的，职教学生对职业的认识熟悉程度偏低，这在一定程度上制约着今后个人职业能力的良性发展。生涯选择的盲目性，使高校学生不能专注于个人职业能力的提高，会严重影响其职业能力发展，因此需要科学的职业指导。总的来说，个体如果具备较高的自我认识能力并熟悉自己的职业，个体就能很好地把握自己并科学地进行职业选择，否则个体职业生涯的发展方向和路径就可能会出现问题，很难达到实践专家层面的职业能力水平。高校学生毕业后的发展生涯往往面临着障碍，因为学生毕业后要进入一定的组织工作场景，这些组织一般都要在宏观层面针对成员开展特定的职业生涯规划，但这种宏观生涯规划既可能利于个体职业能力发展，也有可能限制组织成员的生涯路径和职业能力养成。

实践专家职业能力的养成是漫长的过程，在学校阶段，高校的职业能力培养应重点关注学生学习积极性的调动和提高，要进行合理有效的职业成长指导，让学生更好地认识和熟悉相关职业。从发展起点、学习资源、发展路径等角度来看，要利用校企合作、工学结合、培养现代学徒等手段，创造利于学生职业能力持续发展的良性因素。

2.创造有利于职业成长的真实情境

个体职业能力的成长需要个人的专业知识作为基础，但学校里学到的专业基础知识与现实情境往往有很大的不同，这种不同是个体职业能力成长发展的空间，也是职业能力成长的源泉。专业知识是专业成长的保障实践和专家职业能力形成的重要基础，但专业知识学习不能替代训练和反思，专业知识学习是职业能力发展的必要条件但不是充分条件。

高校培养学生的职业能力，最好在实际情境或模拟实际情境下进行训练，这样才可能通过真实或模拟真实情境的实践操作，来理会和检验专业方面的知识，进而把知识迁移转变为相关的职业能力，因此从职业能力迁移来看，职业能力养成离不开接近实际情境的专门训练和模拟训练。高校内部的职业能力培养模式不能给予学生合法的身份，学生不容易真正参与到实际情境中去。高校毕业生一般不是真正的实践专家，这是因为高校内部的专业基础知识和专门训练仅仅是专家职业能力发展起始阶段比例不高的部分，校内知识学习和专门训练同时面临着规模化与效益的博弈，不同的因素从不同角度影响着高校中个体反思的实践。基于学校形态的职业教育往往存在校企合作弊端的障碍，因此高校中的能力培养对于专家职业能力的养成，从全过程来看，是一种准备工作。

3. 促进学生自我意识形成，培养职业道德和职业认同感

高校学生作为职业能力学习的实践者，他们往往拥有鲜明的个性特征，但高校学生普遍欠缺反思实践所必需的主体意识。对于高校来说，要通过培养使学生具有健全主体意识和自我发展素质，为养成个体职业能力提供保证。如果缺乏自我主体意识，个体就不能对知识和技术进行内化，不能主动反思实践，学生毕业后就不能灵活应对外在世界和工作场所，难以在真实情境中把学习和工作结合起来。高校在校学生自我意识（自我认识和评价）的构建和形成具有系统化和复杂化的特点，也是学生毕业后成为实践专家的重要基础。目前教育部开展了现代学徒制试点项目，人力资源和社会保障部开展了企业新型学徒制试点项目，这些改革探索的主要目的是促使学徒拥有更好的职业道德和职业认同感，也有利于养成个体自我意识。

反思实践的能力往往比知识更有价值和作用。高校学生应该学会主动思考，学会理解周围环境。高校是学生形成完整人格的重要场所，高校要通过多种方式帮助在校学生加强自我和社会认知，促进学生形成良好的自

我发展素质。各大高校要使学生明白，在校学习只是未来职业发展的起始，不应该局限在教室、课堂和实验实训中心，要让学生具备在各类情境下都能抓住机会开展自我学习和思考的能力。高校有义务和责任帮助和促使在校学生逐步构建自我意识并实现深度思考，应该让在校学生认识到职业能力发展是终身可持续的。要让学生意识到善于思考是个体职业能力持续发展必不可少的条件，这也是学校进行全方位育人的根本目的。

个体职业能力的养成关注点是一个新手成长为实践专家的整个过程和相关作用要素。纵观个体职业能力的全过程，在校学生只能认作为新手，培养在校学生的初始职业能力应该是学校职业教育的主要任务。以学校为主导的职业教育应该对个体职业能力养成方式和过程进行全方位关注和介入。高校应该关注和研究在校学生初始职业能力的内在逻辑规律和发展路径，真正提高高校的人才培养质量。

第六章　自我认知和定位——价值观

第一节　价值观与职业发展

一、价值观与职业价值观

（一）价值观的概念及特点

1.价值观的概念

价值观是个体对客观事物（包括人、物、事）及对自己的行为结果的意义、作用、效果和重要性的总体评价，是对什么是好的、是应该做的总看法，是推动并指引个体采取决定和行动的原则、标准，是个性心理结构的核心因素之一。价值观是人用于区别好坏、分辨是非及其重要性的心理倾向体系，它反映人对客观事物的是非及重要性的评价。人不仅能认识世界是什么、怎么样和为什么，而且还知道应该做什么、选择什么，发现事物对自己的意义，设计自己，确定并实现奋斗目标，这些都由个体的价值观支配。

2.价值观的特点

（1）稳定性与持久性。在一定的时间、地点、条件下，人们的价值观总是相对稳定和持久的。比如，对某个人或事物的好坏总有一个看法和评价，在条件不变的情况下这种看法不会改变。

（2）历史性。不同时代、不同社会生活环境对人的价值观形成影响不同，因此价值观具有历史性。

（3）主观性。用以区分好与坏的标准，是根据个人内心的尺度进行衡量和评价的，这些标准都带有较强的主观色彩。

（二）职业价值观的概念及其结构

1. 职业价值观的概念

职业价值观是个人的人生目标和人生态度在职业选择方面的具体表现，也就是一个人对职业的认识和态度以及他对职业目标的追求和向往。

2. 职业价值观结构

美国心理学家洛特克在其所著《人类价值观的本质》一书中，提出13种价值观：成就感、审美追求、挑战、健康、收入与财富、独立性、爱、家庭与人际关系、道德感、欢乐、权利、安全感、自我成长和社会交往。目前我国使用更多的职业价值观划分为我国学者阚雅玲的12类分法：

（1）收入与财富。职业能够明显有效地改变自己的财务状况，不少人是将薪酬作为选择职业的重要依据。工作的目的或动力主要是对收入和财富的追求，并以此改善生活质量，显示自己的身份和地位。

（2）兴趣特长。以自己的兴趣和特长作为选择职业最重要的因素，能够扬长避短、趋利避害、择我所爱、爱我所选，可以从工作中得到乐趣、得到成就感。

（3）权力地位。有较高的权力欲望，希望能够影响或控制他人，使他人照着自己的意思去行动。认为有较高的权力地位会受到他人尊重，从中可以得到较强的成就感和满足感。

（4）自由独立。在工作中能有弹性，不想受太多的约束，可以充分掌握自己的时间和行动，自由度高，不想与太多人发生工作关系，既不想治人也不想受治于人。

（5）自我成长。工作能够给予受培训和锻炼的机会，使自己的经验与阅历能够在一定的时间内得以丰富和提高。

（6）自我实现。工作能够提供平台和机会，使自己的专业和能力得以全面运用和施展，实现自身价值。

（7）人际关系。将工作单位的人际关系看得非常重要，渴望能够在一个和谐、友好甚至被关爱的环境中工作。

（8）身心健康。工作能够免于危险、过度劳累，免于焦虑、紧张和恐惧，使自己的身心健康不受影响。

（9）环境舒适。工作环境舒适宜人。

（10）工作稳定。工作相对稳定，不必担心经常出现裁员和辞退现象。

（11）社会需要。能够根据组织和社会的需要响应某一号召，为集体和社会作出贡献。

（12）追求新意。希望工作的内容经常变换，使工作和生活显得丰富多彩，不单调枯燥。

二、职业价值观对职业选择的影响

（一）职业锚理论

职业价值观对职业选择的影响可以通过职业锚理论来分析和解释。该理论是由美国著名职业指导专家施恩教授提出的，他将职业锚界定为：一个人不得不做出选择的时候，他无论如何都不会放弃的职业中所蕴含的那种至关重要的价值观。正如"职业锚"中的"锚"的含义一样，职业锚实际上就是人们选择和发展自己的职业时所围绕的中心。主要受个体的职业价值观决定。

（二）职业锚类型

施恩根据自己对麻省理工学院毕业生的研究，提出了以下五种职业锚：

1.技术能力型职业锚

技术能力型职业锚员工，倾向于选择能够保证自己在既定的技术领域中不断发展的职业，而非带有一般管理性质的职业。他们有特有的工作追求和价值观，主要表现出如下特征：

（1）强调实际技术等业务工作。

（2）拒绝一般管理工作，但愿意在其技术领域管理他人。

（3）追求在技术能力领域的成长和技能的不断提高，其成功更多取决于该领域专家的认可，以及更多地承担富有挑战性的任务。

（4）晋升对他们来讲同样非常重要。只是他们对向上晋升的追求仅限于自己所属的技术领域而非管理岗位。

2.管理能力型职业锚

管理能力型职业锚的人具有成为管理人员的强烈意愿，其职业经历使得他们相信自己具备被提升到那些一般管理性职位上去所需要的各种必要能力以及相关的价值倾向，他们的最终目标是成为高层管理者。管理能力型职业锚呈现如下特点：

（1）他们追求管理性工作，且责任越大越好，喜欢掌握更大的权力。

（2）他们具有强有力的升迁动机和价值观，以提升等级和收入作为衡量成功的标准。

（3）他们具有分析能力、人际沟通能力和情感能力的强强组合。

（4）他们对组织有很大的依赖性。

3.创造型职业锚

创造型职业锚个体希望建立或创设完全属于自己的东西，如一种署着自己名字的产品或工艺、一家自己的公司或一批反映自己成就的个人财富等。他们的特征包括：

（1）有强烈的创造需求与欲望。

（2）意志坚定，勇于冒险。

（3）创造型职业锚同其他类型职业锚存在一定程度的重叠。

4.安全稳定型职业锚

安全稳定型职业锚个体更愿意从事有保障的工作，这些工作往往有较高的收入以及可靠的未来（如良好的退休计划和较高的退休金）。他们具有以下特征：

（1）追求安全稳定的职业前途。

（2）注重情感的安全稳定，觉得在一个熟悉环境中维持一种稳定的、有保障的职业对他们来说更为重要。

（3）对组织具有较强的依赖性。

（4）个人职业生涯的开发与发展往往会受到限制。

5.自主型职业锚

自主型职业锚类型的个体在选择职业时似乎被一种自己决定自己命运的需要驱使，他们希望摆脱那种因在大企业中工作而提升、工作调动、薪酬等诸多方面取决于他人的境况。这种职业锚的特点是：

（1）他们希望随心所欲安排自己的工作方式、工作习惯、时间进度和生活方式，追求能施展个人职业能力的工作环境，最大限度地摆脱组织的限制和约束。

（2）他们追求在工作中享有自由，有较强的职业认同感，认为工作成果与自己的努力紧密相连。

（3）自主型职业锚与其他类型的职业锚有明显的交叉，如自主型职业锚的人可能同时具有技术能力职业锚或创造型职业锚。

第二节　树立正确的职业价值观

一、职业价值观的内涵

价值观对人们自身职业行为的定向和调节起着非常重要的作用。价值观直接影响和决定一个人的理想、信念、生活目标和追求方向。

职业价值观是一个人对各种职业的基本认识和基本态度，是人们在选择职业时的一种内心尺度，反映的是人的需要与社会职业属性之间的关系，它支配着人的择业心态、行为及信念和理想等。职业价值观是一种复杂的心理现象，表现出内涵的丰富性、层次的多样性和个体体验的差异性等特点。也就是说，即使在相同的社会条件下，每个人的职业观也具有显著的差异性。并且，任何一个人的职业观都是在一定的社会历史条件下形成的，具有鲜明的时代特征，必然随着社会的发展而变化。

二、影响我国大学生职业价值观的主要因素

影响大学生职业价值观的因素是多方面的。马克思主义认为，社会存在决定社会意识，社会意识反映社会存在。大学生职业价值观从外部因素看，受到社会、学校、家庭等影响；从内部因素看，受到个人思想认知水平、职业观念、心理素质、个人能力等因素影响。

（一）社会因素的影响

1.社会经济发展

社会主义市场经济体制的建立是一次伟大的社会变革，社会经济制度由单一的公有制变为以公有制为主体，多种经济成分并存和共同发展的多样化经济结构。社会利益格局发生巨大变化，促使社会价值观念出现多元化趋势。大学生职业价值观作为社会意识的一个重要组成部分，必然会受到社会存在的影响，也是对社会存在的一种反映。因而社会价值观的多元化发展必然不同程度地影响着大学生职业价值观。价值观的多样化将大学生置身于多重选择的价值环境中，促进大学生职业价值观的多元化趋势。大学生必将在现代与传统、积极与消极交织中的价值体系中进行选择，并以此指导其择业行为和职业生涯发展。一方面，大学生的价值目标出现短期化、务实化倾向，注重自我价值实现，追求个人发展。另一方面，为适应社会发展需要，追求素质的提高，实现个人价值与社会价值在职业生活中的和谐统一。经济体制转轨必然引发大学生职业价值评价标准的变化，他们在价值判断上更多采用生产力的标准、利益标准、市场经济标准，而不是抽象的传统道德标准。改革开放的全面推进，大学生价值观念也越来越开放，他们的利益观念、竞争意识、务实观念、创新观念和自主意识等都融入到了新的价值体系之中。知识经济的大崛起为高层次人才的就业提

供了广阔空间，同时也对人才素质有了更高更新的要求。强调人才的综合素质，也促使大学生主动迎接随着知识经济发展对人才素质提出的更高要求和更大挑战，精心打造综合素质，努力开发自身潜能，并逐渐客观理性地面对职业选择和职业生涯。

2.社会文化转型

随着改革开放的不断深入和我国民主化进程的加快以及现代传媒、信息渠道的拓宽和网络普及，外来文化和中国传统文化的交流、碰撞，冲击着大学生职业价值观的构建，也成为大学生职业价值取向错位的原因之一。与此同时，社会舆论表现出对各种社会职业的不同态度倾向，形成了不同职业社会地位间的差异，这种因社会文化从众心理而形成的职业社会地位也成为影响大学生职业价值观的一个重要因素。如大学生在择业时在条件允许情况下，多数人会选择社会地位更高的职业以满足其自尊心的需要。因此，在价值观念多元化的当代社会，要加强大学生职业价值观教育，引导学生学会正确辨别各种价值观念。

3.就业制度改革

1999 年国家对大学生实行"双向选择、自主择业"的就业政策后，计划经济体制下单一的国家分配模式被打破，由国家包分配转向市场导向、政府调控、学校推荐、毕业生和用人单位双向选择的就业制度和"不包分配、竞争上岗、择优录用"的新机制。这种新的就业机制对大学生职业价值观产生了积极影响，大学生以往的终身职业观念已经改变，"铁饭碗"意识淡化，自主择业意识明显增强。新的就业模式使得市场在大学生就业中发挥着基础和主导性作用。大学生就业要通过人才市场与用人单位进行洽谈并在双方意见一致的情况下签约，最终实现人力资源的最佳配置。"双向选择、自主择业"的就业模式增加了大学生择业的自由度，他们可以有目的地去选择与自己专业、特长和兴趣相适应的职业岗位，受到广大学生的欢迎。但同时随着竞争越来越激烈，大学生择业压力和就业难度也相应增大，现代社会所需要的职业风险意识也随之形成并得到强化。在影响择业因素的调查中，"稳定性"被大学生排在不太重要的位置上。

新的就业模式也引发了用人机制的变革，随着大学生就业"买方市场"的形成，各用人单位对人才的需求也由过去的单纯重视学历文凭向重视实用技能和综合素质的方向转变。因此，为了在激烈的就业市场竞争中赢得先机，大学生必须从观念、能力、行动上自觉适应社会变化，提高择业主动性和积极性，这也在不同程度上引发了大学生职业价值取向的转变。

（二）学校因素

高校是新时代大学生思想政治教育的主阵地，承担着立德树人的根本任务。职业价值观教育作为思想政治教育的重要内容，高校应充分发挥育人优势，强化对大学生职业价值观的引领，引导新时代大学生树立科学的职业价值观。学校教育是学生社会化的主要途径和手段。高校是大学生学习科学文化知识、形成正确职业价值观的重要场所，而职业价值观教育也是高校德育教育的重要内容之一。高校应该按照社会要求，有目的、有计划、有组织地对大学生施加影响，使其形成符合社会主义市场经济需要的职业价值观。职业价值观是个体对职业的总的认识和根本看法，其中职业理想和职业道德是职业价值观的重要组成部分。高校对大学生职业价值观的引领，更多地以职业技能培训为重点，主要是为了解决大学生的相关求职技能培训，却忽视了思想引领才是大学生职业价值观引领的核心。高校应把思想引领作为重点，通过对大学生进行职业理想信念教育、职业道德教育、爱国主义教育和认同感教育，引导新时代大学生形成民族认同感，树立家国情怀，将个人职业理想与国家和民族的未来紧密联系在一起，进而实现自我价值和社会价值的统一，从根源上帮助大学生树立与时代要求相一致的职业价值观。

（三）家庭因素

家庭是影响大学生职业价值观的最原始、最初级的场所，个人在家庭中接受人生的第一个教育历程。人生早期在父母的教导中，或主动或被动地接受了家长的一些价值观，这些来自家庭的价值观将会影响个人日后的观念、态度和行为。由此可见，家庭环境在大学生职业价值观确立中的作用不可低估。作为家庭的领导者，家长的教育理念和教育行为对当代大学生职业价值观的影响最早、最直接、最深刻。家长往往根据自己的职业状况以及对职业社会地位、经济地位、发展前途的思考影响子女的职业选择。

1. 家庭结构变化

随着"独生子女"时代的到来，现代社会家庭结构正在发生变化，许多大学生在家庭里受到过分宠爱，缺乏集体生活体验，也缺乏兄弟姐妹互帮互助的情感体验。特别是家长对子女的教育虽然更加重视但本身又存在误区，难以适应新时期人才培养要求。这种独生子女家庭结构使大学生择业时面临着择业地域选择与照顾、赡养父母等义务之间的矛盾。大学生择业面临两难选择，尤其对来自农村和贫困家庭的经济状况不好的大学生，在这些方面表现得更为明显。因此，新型的家庭结构也是影响大学生职业价值观的一个主要因素。

2. 家庭教育与学校教育、社会教育脱节

《公民道德建设实施纲要》指出："家庭是人们接受道德教育最早的地方。"虽然我国社会和经济结构发生了巨大变迁，现代人外在生活方式与传统社会有差异，但深层的家庭观、家人关系等传统的价值观仍深刻影响着很多大学生。大学生职业价值观是一项系统工程，需要学校教育、家庭教育、社会教育密切联系，在共同目标指引下，相辅相成、和谐同步运作才会产生积极作用。

（四）个人因素的影响

大学生职业价值观的形成除受上述因素影响外，还与其个人因素有关。个人因素包括健康、性别、兴趣、性格、能力、职业认知状况等。

（1）健康是任何人职业生涯开始的首要条件。几乎所有的职业都需要有健康的身体，但是，不同的职业对身体健康会有不同的要求，如采矿、勘探等职业要求从业者具有良好的身体状况和强健的体魄，精密仪器制造等职业要求从业者具有良好的视力。因此，个人的健康状态会影响大学生的职业选择。

（2）性别因素在职业发展中扮演着重要的角色。大学生在进行职业选择时，男生首先倾向于那些能较好发挥自己的特长及有较好工资待遇的职业，而女生则倾向于选择稳定有保障的职业。因此，性别差异也会影响到大学生的职业选择。

（3）兴趣是大学生形成职业价值观的前提性因素。大学生选择什么专业，从事什么职业，往往是从兴趣出发的。

（4）人的性格千差万别。职业心理学的研究表明，不同的职业有着不同的性格要求，不同性格的人对不同职业的适应性也有所不同。不同的性格特征，对企业而言，决定了其员工的工作岗位和工作业绩；对个人而言，决定着自己的事业能否成功。

（5）能力是一个人能否进入职业岗位、胜任工作的先决条件。能力不同，职业选择就有差异。个人的能力是影响大学生职业选择的一个重要因素，个人能力的高低对职业定向与职业选择起着筛选和定位作用。

（6）职业认知状况。职业认知是个体对职业的性质和意义的探索和理解。它的作用在于能够判断和评估自己是否符合社会的需要。职业认知状况指大学生在择业过程中对自己、对职业、对社会与择业有关事物的认识、了解以及择业过程中的推理与决策。大学生职业认知状况是产生职业价值观的前提条件，它主要包括以下方面：首先，大学生在择业过程中，以科学的认知方法和手段，客观全面地认识自己，要了解清楚自己的职业兴趣、技能和价值观，能够做到正确的自我认知。其次，大学生要基于对职业地位、性质和规范的理解，并做出客观的职业评价。最后，大学生的职业认知对选择职业有重要影响，不同的职业认知水平就会产生不同的职业价值观。只有全面、客观的自我认知和职业认知才能将自己的选择与社会需要联系起来，寻求主观愿望与客观可能之间的协调，才会形成正确的职业价值观。目前，部分大学生由于缺乏对自我认知和职业认知的准确把握，盲目追求热门职业、高薪职位，结果加剧了热门职业的市场竞争，造成供求不均衡状况。

三、大学生职业价值观引领的内容和原则

（一）大学生职业价值观引领的内容

青年是职业价值观形成的重要时期。加强职业价值观引领，引领当代大学生树立远大的职业理想，培养高尚的职业品德和强烈的社会使命意识，有利于新时代大学生用青春梦激扬中国梦，有利于担负起民族复兴的历史重任，同全国人民一起为实现中国梦的伟大实践书写华丽的篇章，从而成为担当共同理想的时代新人。

1.强化职业理想的引领

职业价值取向，是个体对职业有价值或无价值的固定态度与看法，是人们对职业的倾向性意识与行为，主要体现在职业动机与择业行为取向。职业价值取向的确立，能够为大学生发挥指引作用，帮助他们依据自身实际确定职业目标，明确努力方向，坚定奋斗目标，不盲从不徘徊，走好职业发展第一步，为未来职业理想的实现和个人的全面发展打下坚实基础。因此，加强职业价值取向的引领，对大学生职业价值观的形成具有重要作用。

2.职业认知和自我认知教育

就业，是大学生个人社会化的必要途径。就业不仅满足个人生活需要，也是大学生实现个人理想和自我价值的重要途径。全面客观地深入了解自我和职业要求，是大学生顺利实现就业，确定职业目标和树立科学职业理想的前提。只有知彼知己，方能百战不殆。但不容乐观的是，迷茫成为了目前部分大学生的常态，不知道自己要做什么，能做什么，喜欢做什么，"一问三不知"的背后原因在于自我认知不足、职业认知不足、高校职业生涯规划教育不够。因此，开展大学生职业生涯规划教育课程，帮助大学生正确认识自我，确定职业目标，明确努力方向，具有客观必要性。

3.爱国主义教育

新时代大学生作为高素质人才，是中华民族未来建设的主力军和实现中华民族伟大复兴的重要力量。通过爱国主义教育，提升大学生的民族认同感，引导新时代大学生自觉把个人的职业理想建立在社会理想的基础之

上，考虑个人价值实现的同时，自觉把国家富强、民族振兴、人民幸福作为不懈追求的奋斗目标，积极培养深厚的爱国主义情感，树立爱国主义理性认知。自觉担负起民族复兴的历史重任，同全国人民一起，为实现中国梦的伟大实践书写华丽的篇章，成为担当共同理想的时代新人。

（二）强化职业道德引领

1.集体主义教育

中华民族进入了伟大复兴的新时代，随着时代的发展，集体主义的内涵也发生了新变化。新时代集体主义教育，是根据新时代要求，有针对性地强化对新时代大学生集体主义价值观的引导，提升新时代大学生的社会责任感。集体主义教育在职业价值观上具体表现为社会主义职业道德观教育。集体主义教育就是引导大学生在确立职业理想时首先要坚持集体主义原则，将集体利益放在首位，培养新时代大学生的社会责任意识，涵养家国情怀。

2.职业品行观教育

职业品行观，是指个体所持有的道德品格和行为表现在职业活动中的思想观念。大学生职业品行观，决定着大学生在职业活动中的道德品格和行为习惯。加强基本的职业品行观教育，主要有以下内容：一是爱岗敬业教育。加强爱岗敬业教育，能够引领新时代大学生自觉热爱本职工作，工作态度认真负责，做到做一行，爱一行，在平凡的岗位中实现不平凡的人生与价值。二是诚实守信教育。加强大学生诚信教育，引导大学生树立诚实守信的意识，在工作中将其内化为行动自觉，做到言必行，行必果。三是自强勤奋教育。引导大学生形成"自强不息，厚德载物"的高尚道德品质，遇到挫折勇敢向前，用勤奋的汗水浇灌青春之花。四是奉献社会教育。引导大学生同全国人民一道拼搏，同祖国一道前进，奉献社会，到基层建功立业。

3.强化职业使命意识引领

职业使命意识是个体高度认同并热爱本职工作的自觉行为，在职业中获得幸福感和乐趣，并将其化为自身动力，从而实现个人理想和社会价值。社会责任认知和社会责任认同是引导大学生形成职业使命意识的前提和关键。实现双向发力，才能更好地引导大学生树立职业使命意识。

（1）社会责任认知教育

社会责任认知，是个体对社会责任认识和了解的过程。在新时代背景下，对大学生进行社会责任认知教育，能够引导大学生明确社会责任内容以及社会责任与个人责任的关系。强化对大学生的社会责任认知教育，是增强新时代大学生责任意识，担当社会责任的前提。只有帮助新时代大学生理清个人责任和社会责任之间的关系，才能引导其全面了解社会责任内涵，提升其社会公民意识，将国家和民族的需要内化为个人奋斗目标，树立报效祖国和人民的历史使命感。同时，也有助于新时代的大学生形成正确的职业价值观念，在树立职业理想时不忘肩负的社会责任，促使自觉承担起实现中华民族伟大复兴的历史重任。

（2）社会责任认同教育

社会责任认同，是个体对社会责任产生认同感的过程。要促进新时代大学生成为担当历史重任的时代新人，仅仅停留在个人责任认识层面，是远远不够的。只有将对社会责任的认知化作对社会责任的认同，成为自觉肩负历史使命和时代重任的动力，才能推动中华民族不断向前发展。因此，社会责任认同是引导大学生形成历史使命意识的关键。只有将认知化作认同，形成前行动力，才能引导大学生树立奉献意识，激发责任意识，增强对民族的认同感。

（3）榜样示范教育

榜样示范是高校对大学生进行思想政治教育采用的手段之一，主要是通过他人的优良品德和模范行为发挥引导作用，产生潜移默化的影响。心理学家威利斯认为，有无榜样与大学生责任心存在显著相关性。通过开展榜样示范教育，以现实生活榜样为教育背景，以直接性和生动性增强说服力，提升教育效果。在大学生职业价值观教育中，可以应用敬业奉献模范等事例，激发起大学生"努力向学，蔚为国用"的社会责任感。[①]

（三）新时代大学生职业价值观引领的原则

1.思想引领和就业指导相结合

坚持对大学生进行思想政治教育，是高校的重要任务，旨在培养政治素养高，道德品德优的时代新人，促进社会主义和谐社会的构建，为社会主义事业向前推进提供人才保障。大学生职业价值观作为思想政治教育的重要内容，必须坚持思想政治教育原则。大学生职业价值观不仅涉及大学生的思想问题，更是推动新时代大学生就业的现实需要。因此，对新时代大学生进行职业价值观引领，必须坚持将解决思想问题和满足现实需要紧密结合，既要强化对大学生的思想引领，又要解决实际问题，二者缺一不可。具体来说，大学生职业价值观中的思想问题则利用思想引领予以解决，就业指导则解决大学生就业过程中遇到的实际问题。两者共同发力，既推动大学生实现合理就业，又引导大学生树立科学的职业理想，实现个人的全面发展。

思想引领上，主要以强化新时代大学生的职业理想和职业道德为重点，帮助大学生树立科学的职业理想、良好的职业道德，做到敬业、乐业。就业指导上，主要以大学生职业目标确定和职业技能培训为主，帮助新时代大学生拓宽就业渠道，并依据自身实际，确定合理的职业目标，在职业奋斗中实现人生理想和价值。

2.自我发展与社会发展相结合

个人和社会的关系是辩证统一的，并且不可分割。具体表现在两个方面：一方面，社会是由人组成的，人的存在是社会的前提，没有人的存在，社会也就不复存在；另一方面，社会是个人存在和发展的基础。离开社会，人的价值将无法实现。因此，个人的发展推动着社会的发展，社会的发展反作用于个人的发展。大学生在树立职业理想时，要坚持自我价值与社会价值相统一。个人的自我价值和社会价值具有紧密联系、相互依存的关系。

---

① 高原平.如何培养当代大学生的社会责任感 [J].中外企业家，2009（3）：159-160.

自我价值的实现，能够为社会创造更多的价值。

3. 理论指导与实践教育相结合

理论指导能为个人直接提供专业知识，提升认识，但是体验感不足，认同感则难以形成。实践教育通过个体直接亲身体验，促使个体自觉形成认识并化为内在动力，教育效果良好。但相对于理论指导，实践教育复杂性强，难度较大。因此，应坚持将理论指导和实践教育相结合，则更有利于强化对大学生职业价值观的引领。理论指导具体表现在通过就业课程的学习，帮助大学生了解相关职业生涯规划知识，做出符合自身实际的职业选择。实践教育主要是通过实习和相关职业体验，了解职业特点，在实践体验中发掘自己的职业兴趣，激发内在动力，并为之奋斗。

4. 集体教育与个别指导相结合

通过对大学生职业价值观现状的调研，发现大学生职业价值观存在共性问题，如职业价值取向功利化、缺乏奉献精神等。但同时大学生职业价值观受成长背景、教育水平等不同因素的影响，新时代大学生的职业价值观存在明显的差异性。因此，在对新时代大学生职业价值进行教育观引领时，要充分考虑其中的成因，采取集体教育和个别指导相结合的原则。对于存在的普遍问题，可以采取集体教育的方式。对于价值观中存在的个性问题，则需要采取"一对一"的方式，通过灵活分析并进行针对性指导，以期提升职业价值观引领的效果，推动新时代大学生确立符合自我发展需要的职业理想。

5. 外部教育与内部教育相结合

在新时代大学生职业价值观引领过程中，必须充分考虑外部教育和内部教育共同发力。外部教育主要指对大学生进行职业生涯教育引导，帮助大学生掌握职业发展理论和求职技巧，为新时代大学生职业发展和树立科学的职业价值观提供外在动力。内部教育主要是指在新时代大学生职业价值观教育过程中，强化其认同感，包括对职业的认同感，对国家和民族的认同感和职业使命感。只有将认同感化作内在驱动力，才能充分发挥新时代大学生在职业价值观引领过程中的主导性作用和主观能动性，激发起为国家和民族利益而奋斗的自觉性，从而更有利于新时代大学生在确立职业理想时，能够将国家和民族的利益考虑在内，并形成对职业的热爱，自觉树立爱岗敬业、甘于奉献的优良职业道德，进而树立科学的职业价值观，担当起时代重任，不断推动中华民族复兴伟业的发展。

四、当代大学生职业价值观培养对策

（一）政府为当代大学生职业价值观的形成提供制度保证

1. 提供针对应届大学生岗位流动性的制度保障

综合许多发达国家的就业政策：一是创造和保持足够数量的工作岗位；二是提供充足的就业保障和良好的就业服务。在创造和保持足够数量的工作岗位方面，日本和美国尤为突出，更加注重经济扶持和政策投入。

西方发达国家对于大学生就业会做好充分准备，提前做好培训，对毕业生信息进行详细记录，甚至对未就业的往届毕业生采取外包形式进行再加工，以确保他们有足够的就业资本，并以政策鼓励当地企事业单位录用应届毕业生。

各国政府的就业扶持政策千差万别，效果也不尽相同。但是中心思想都是为了缓解大学生的就业压力，帮助大学生顺利就业。伴随网络互通，发达国家早先形成的就业信息网络化、公开化，达到真正的资源共享。

2. 增加财政补贴提升高校大学生主体地位

国家应对即将毕业的大学生进行一个考核，扩大补助辐射范围，在学生离校之前对其进行一部分就业资助，对品学兼优和家庭困难的学生可以适当提高额度，让大学生在人生最艰难的求职路上无后顾之忧，不至于草率就业后陷入失业再就业的恶性循环中。这样不仅能减轻国家负担，也能提高低年级在校大学生的就业信心，对正确塑造大学生职业价值观也大有帮助。通常来说，高校历届毕业生都会有校友群之类的联系方式，国家可以通过财政支持，在每个高校每个学院设置专人管理校友群、老乡群等，并提供一定资助，使其对这个群体进行维护和扩展，做到能够掌握所有校友同学的联系方式和动态，及时更新群体内部消息。以先就业带动未就业，以高层次就业带动低层次就业，发挥历届校友同学间的力量，拉动同校大学生就业，这种促进就业法不仅能有效解决就业问题，又能减少社会资源投入和浪费，小投入大回报。

3.实施大学生人才孵化保护制促进主动就业

社会就业资源趋于饱和，就业人数与职位数量比例差距越来越大。国家应鼓励和支持毕业生自主创业、自谋职业，采取多方位支持手段，例如：

（1）对从事基层社区服务或自主创业的毕业生，可凭借相关信息向税务机关等部门申请，减免营业税或个人所得税；对于信誉良好或出现暂时经营困难的企业，税收减免时间可以适当延长，在其发展平稳之后，向国家补交即可。

（2）毕业生在创业时若选择创办能够带动地区就业率的服务类企业，可向税务等部门申请税费免征，政府协助解决企业招聘等问题，发展前景良好，可由国家财政先行垫付部分工人工资，运营平稳后向国家缴纳一定费用即可。

（3）毕业生如若自主创办物流交通企业、邮电通信企业等资金流动大的企业，也可向税务部门申请税务短期减免，资金回笼较慢的企业可以酌情延长时间。

（4）自主创业的毕业生若从事公共服务业且覆盖面较大，有关部门对于人员培训等方面可根据各区域不同情况对企业进行针对性帮助，要做到对区域内新创办的企业发展情况的时时关心，以最快的速度、最有效的方法解决企业问题。

（5）对于高校毕业生选择到偏远欠发达地区创业的，国家应加大对此类型企业的扶持力度，保障资金链的安全和工作人员的稳定，以及帮助企业做好相关人员的培训等。

中国针对就业难的问题提出一系列民生政策，如："就业优先的宏观经济政策""再就业工程""鼓励流动就业"等。整体看来，这些政策对于缓解紧张的就业形势都有积极作用，但是政府对于高校毕业生就业政策缺乏针对性和可实施性。应当注重大学生技能培训，简化大学生就业、创业审批程序，优化创新大学生就业、创业环境。

（二）完善人才市场，为塑造大学生职业价值观提供正能量

全面推进大学生人才市场建设，构建高效率一体化的人才平台，确立就业供需双方的主体地位，规范大学生劳动力市场秩序，使信息资源共享和人才流动顺畅。

1.规范人才市场帮助大学生树立正确职业价值观

健全人才市场机构管理能够规范市场秩序，既能够加强就业部门对人才的掌握，让适合的企事业单位和大学生进行双向选择，又能够保障大学生的就业机会与权益，对于当代大学生职业价值观塑造有积极作用。市场经济影响下的就业供求关系，一直是买方市场独大，大学生作为卖方市场，一直处于底层，因此，供需双方地位必须进行调整，才能保障大学生的就业主体地位。

（1）建立大学生劳动关系调整系统。由政府人员和供需双方的成员组成，对在职期间有可能产生的矛盾关系进行协调，通过一些必要手段使供需双方的关系朝稳定和谐的方向发展。

（2）完善社会保障服务体系。国家和政府通过立法对大学生就业的后期保障问题进行管理，坚持公平分配等原则，使大学生就业过程中享受应有的权益。

（3）强化宏观经济调控力度。在市场经济作用下，政府采取宏观经济调控结合法律、行政等手段，对毕业生供求及流向进行调节，弥补市场机制缺陷。大学生人才已然成为社会就业的主体力量，把握好其流动性有利于提高大学生就业和往届生再就业的时效性，因此健全人才市场机构管理机制，对于解决就业过程中大学生人才对接流动问题十分重要。

宏观上，市场经济环境有利于促进竞争，提高人才的核心竞争力，但要注意规范人才市场等人才中介，明确大学生在就业时的主体地位，能够避免大学生求职过程中走弯路、走错路，在保障双方权益的基础上提出相应要求，尽量减少纠纷，方便政府就业部门管理。微观上，提升大学生主

体地位对于大学生职业价值观塑造有良性引导作用，外部就业环境优越，大学生就业态度就会积极乐观，其职业价值观塑造自然充满正能量。

2. 构建一体化人才信息平台

目前，我国对于高校毕业生的就业信息服务这方面的工作还存在着部分不足之处，对于供需双方间的信息互通还有所欠缺。社会及学校对于提供自主查询就业信息和就业辅导等方面存在不足。

（1）发达国家的人才信息平台构建。美国、德国和日本这几个发达国家最具代表性，他们在学生入校之前就会对其做好兴趣爱好等信息登记，根据学生喜好推荐专业。入学后，通过各种咨询和测试对学生进行自我评价，并引导其确立个人职业方向。对不同年级的学生设立不同课程教学，在学生就业方面做好跟踪调查，时刻给予高度重视。

（2）中国关于人才信息平台构建的设想。"师夷长技以制夷"，在和平发展的今天，我们要借鉴发达国家对于大学生职业发展的研究经验，使就业部门对大学生就业信息和大学生个人相关信息进行整体汇总，信息交叉之处就是每个大学生的就业契机。网络安全等问题限制了大学生就业消息的实时沟通，一定要建立有安全保障的交流平台，比如对于大学生可以添加学信网的指纹资格认证才可以登录且信息不可作假；对于企业只有进行企业资格认证才可入驻平台；对于各大高校有专门的管理人员进行学生与用人单位间的沟通；摒弃目前存在各种漏洞、鱼龙混杂的就业网站。

在当今信息国际化、沟通条件多样化的情况下，可以通过微信、QQ等平台，联接各高校的就业指导中心，可直接向老师提问咨询，减少中间环节信息缺失。提高信息实效性，更有利于高校毕业生抓住时机，及时找到适合自己的职位，不浪费工作信息和人才资源等。

（三）用人单位为大学生塑造正确职业价值观提供支持

高校大学生是人力资源的主力军，是国家的宝贵财富，用人单位对于大学生人才使用也要转变观念，树立科学的人才观，在确保人才质量的基础上为大学生营造良好的职业环境，引导大学生优化个人素质并为用人单位实现效益最大化，为社会作出更多贡献。

1.维护大学生就业者权益

大学生在从求职到择业，最后上岗成为职业新人的过程中，依法享有就业权益。现实却是毕业生就业权益屡次受到有意或无意的侵犯，既损害了大学生求职者利益，挫伤了其服务社会的积极性，也影响了大学生的职业发展进程。

（1）平等就业权

大学毕业生要享受平等就业权，即平等地参与求职竞争，不能因为民族、性别、年龄、文化等不同而受到限制，用人单位对于具有相同条件的大学生，不得提供不同的就业待遇。

（2）就业知情权

大学毕业生的就业知情权，指求职者有权知悉、获取自己将要从事或者正在从事的工作岗位、工作环境等方面的信息。在供大于求的劳动力市场中，初次就业的大学生在供需关系中处于弱势，对于求职大学生来说，用人单位相关信息透明度低，双方提供的信息不对称。用人单位要完善双方信息交流过程，在招聘期间及时告知大学生企业及职位相关状况。

（3）违约求偿权

大学毕业生享有违约求偿权，指大学生与用人单位双方经过平等协商签订就业协议或劳动合同后，如果对方随意毁约造成损失，受损一方有权向对方提出继续履行或赔偿要求。大学生求职过程中，一旦与用人单位达成就业意向，应及时签订就业协议书并诚实守约。如用人单位无故毁约，大学生有权要求其严格依照协议书中的约定继续履行，否则要承担违约责任，支付赔偿金。

当然，法律上权利与义务一致，大学生在求职过程中除了享有以上诸多权利，同时也要承担着相应的义务：遵守国家的就业方针、政策；面对用人单位应如实介绍个人情况，不得有意隐瞒、作假；签订就业协议书后应诚实履行协议书中的约定，一旦违约，也要承担相应的违约责任。维护大学生求职者权益，能够帮助大学生树立正确的职业价值观，也可以提升其就业积极性。

2.提高薪酬并放宽对大学生的就业要求

企业为实现自身效益最大化，应严格执行招聘、培训和考核制度，做到公开、公正、公平。注重人职匹配，企业内部或者各部门间应该进行灵活的人员调动，便于发挥人才最大效用，激活整个经营链条，更有利于引进人才、激发员工动力。用人单位不会高薪聘请一个刚刚毕业的大学生，在其学习和熟悉业务过程中，创造的企业收益较低，每年物价上涨的幅度可以作为员工工资调动基准，也可以适当提高最低薪酬值。大学毕业生缺乏社会实践经验不是个别现象，而是全国高校普遍存在的实践教育弊端，很多高校只是在毕业前夕对应届毕业生进行简单非正规的就业指导课程培训。大多数企业不应该吝惜人才投资，要综合衡量人才投资回报，可以通过压缩试用期流程、多部门绩效核准、设定考核目标等方式挖掘人才内在潜力，分配职位，寻求最佳的人职匹配度。

放宽对大学生求职者的要求，不以地域、户口、性别、毕业院校级别高低等条件作为招聘门槛，以外地求职人员为由不提供住宿、没有基本生活补贴等作为附加条件，降低大学生求职者的主体地位。企业及用人单位只有解决员工最关心的问题，才能留住人才，这也是一种减少人力投资最有效的方法，还可以树立良好的企业形象，以企业内部员工的口碑为企业进行免费宣传。

企业及用人单位应该建立一套人才分类别管理法，设立针对大学毕业生的用人机制，以此公平、公正地考核人才价值。部分企业（外资、民营等）可以与政府机构等挂钩，以解决多数学生的就业问题来享受政府更多的辅助政策，达到二者双赢。

3.高校应与用人单位和社会建立人才对接

各高校要在就业指导课上倾注师资与物资，与用人单位建立交流学习、人才输出等长期合作关系。在需求千变万化的毕业生市场中，为避免人才流失，保障求职大学生的切身利益，不仅需要解决毕业大学生的后顾之忧，更要做好社会、企业、高校间的衔接。以自主就业方式为主导，多种人才输出方式为辅助，帮助大学毕业生多渠道就业。

（1）高校不仅要教书育人，还要注重提升大学生的理论修养，同时也要为他们做好服务，就业是学校和学生共同的事。高校通过拉近企业与学生之间的距离，可以使学生深入企业实践，企业也可以在学生日常活动中增进了解。

（2）人才市场对于大学生的管理不能局限于通过各高校统计上来的粗略数据，对于所在区域大学生的专业类型、人数、当地企业发展状况，以及各高校的就业前景分析等都要尽量细化，便于在企事业单位招聘时拿出第一手准确数据供买方市场选择，促进大学生就业顺利进行。

（3）人才市场应与高校互通，先于企事业单位进高校，不必等到大学毕业生集体找工作的时候。每年都应定期深入高校开讲，就过往事例和每年的就业政策，针对不同年级讲解不同的就业信息与须知，避免大学生面临就业的恐慌和无措。

（四）提升职业素养是当代大学生树立正确职业价值观的关键

目前，大学生的风险意识、竞争意识较薄弱，个人能力不足导致容易抓不住机会。因此，当代大学生职业价值观塑造离不开个人素养的提升，通过内外兼修适应社会迅速发展变化，才能具有职业竞争力。

1.树立正确的求职及就业观念

"精英教育"走向"平民化"，对这种"平民"角色的逼近，大学生要转变就业观念，树立自主就业意识，端正就业行为，放弃对政府的过度依赖。大学生就业要时刻保持清醒，辨别机遇和挑战、竞争和希望，在求职和发展的路上看清方向把握机会，使个人资源得到极致发挥。现阶段人才数量与就业岗位配比严重失衡，大学生自身要提前认真地考虑就业问题；高校要做好入学职业价值观理论及实践指导，帮助大学生树立正确的职业价值观，与企业拓宽合作、与政府加强联系，综合掌握岗位信息，发挥大学生个人优势，准确把握就业机会。

2.联系个人实际确立职业目标

高校大学生确立职业目标时缺乏充分分析，由于高等教育的重点是对大学生进行理论知识灌输，大多数学生不会融会贯通，加上一直处于象牙塔内的大学生缺少社会阅历，不能理性选择职业，容易受外界影响产生错误判断，做出错误的选择。大学生要了解自身，对性格、知识构架、技能掌握等进行理性分析，积极参加一些职业兴趣测试，把自己与其他求职竞争者的优势和劣势进行比较分析，凸显个人的就业优势和核心竞争力。还要对外部环境，如整个行业环境、求职目标区域人才市场及企业对人才普遍的能力要求等进行分析，通过对外部挑战与机遇的分析，对自身做出合理定位。要审时度势不能好高骛远，面对市场对人才的需求变化、职业竞争加大等因素，大学生应树立正确的求职竞争观念，增强竞争实力，坚持诚信为本的竞争原则，保持良好的竞争心态。还要摆脱传统职业观念的束缚，树立新的符合时代潮流的就业观念，实现自己的人生价值。

3. 提升个人的社会实践能力

社会不断发展，我国的用人制度从统包分配到合同制再到自主择业，从终身制到多次择业就业的快速转变，职业的结构、内容和用人要求在不断发展变化。不变的是对高层次人才的需求，大学生人才的知识积累要跟随社会变化而更新，为自己的头脑注入养分，满足瞬息万变的时代需求。

大学生职业价值观要健康发展光靠外界环境远远不够，个人必须有紧迫感，机会是给有准备的人，大学四年是提升自我的最佳机会，熟练掌握专业基础知识，丰富个人头脑，理论与实践相结合，寻找挑战自我的机会，挖掘自身潜力，稳扎稳打地提高自己。更要高瞻远瞩地展望未来，善于学习和创新才能与时俱进。成功的路上没有一劳永逸，只有多一点努力才会少一些坎坷，从而找到适合自己且较为理想的职业。

第三节 大学生职业价值观教育

一、大学生职业价值观教育的接受机制

（一）构成大学生职业价值观教育接受结构的基本要素

结构一般是指"组成有机整体的各个部分、要素、成分相互结合的方式或构成形式，它是由各要素、成分的特殊本质共同决定的，按照其本身发展规律逐步形成的内在关系"。据此可见，结构是一个有机体，其中任何要素的改变都可能引起结构的本质发生变化，结构遵循其内在规律，各种要素也遵循这个规律有序运行。大学生职业价值观教育接受结构是由接受主体、接受中介、接受客体、接受环境四项基本要素构成的。

1.接受主体

大学生职业价值观教育作为一项复杂的活动过程，在运行中受到多方面因素的制约和影响。其中，接受主体占有主导性地位，不同的接受主体对相同信息的反映和接受呈现出不同的特征。大学生作为特定的发展群体，是职业价值观教育接受结构系统中的核心要素，其选择、判断并接受客体信息的能力，是接受活动系统得以运行的前提和保证。大学生作为这项特殊接受活动的主体具有鲜明的特性，主要表现在以下两个方面：

一是主体能动性。首先，在大学阶段，由于大学生对职业价值认知比较匮乏，且对职业价值观教育有强烈的需求，促使大学生主观上愿意寻求教育、帮助。其次，大学生思维活跃，观念更新快，掌握多种获取现代信息的方式。大学生作为接受主体，具有对职业价值观教育信息积极感知的能力。随着大学生的阅历逐渐增多，知识水平和学习能力、思维能力都大幅度提高，具有良好的接受图式。大学生群体面对新的价值信息，容易产

166

生标新立异的价值辨析，因此，对于职业价值观教育的接受，大学生更易于表达新的理解和感受，一定程度上，有利于接受客体的优化更新，从而促进整个接受系统的循环。

二是不稳定性。由于大学生的心理尚未完全成熟，人生观和价值观都有待引导，而且现代社会信息纷繁复杂，西方社会的极度物质主义因素传入中国变成"糖衣炮弹"，大学生置身于纷繁的信息环境中，在接受价值信息时，容易出现摇摆不定、被误导的现象，也使得接受活动循环往复地连续运行。

2. 接受中介

在接受活动中，客体信息要到达接受主体并为之所接受，必须依赖一定的接受中介。大学生受到各种职业价值的直接或者间接作用，对职业价值观的产生背景、内涵、意义都有逐渐深入的了解。

大学生对职业价值观教育的接受中介主要有四种形式。

第一，通过课堂教学活动渗透科学的职业价值观。学校是传播文化的教育机构，是传播职业价值观的重要途径，而且学校的职业价值观教育具有系统性、深刻性的特点，能够在国家方针政策指导下有计划地、针对性地开展职业价值观教育活动。学生可以在学校中的宣传职业价值观文化环境的潜移默化影响下，初步体验社会的职业要求，初步形成职业价值观念、职业态度和职业道德。然而，随着大学生主体能动性的特点进一步凸显，单一灌输、被动施教的形式已不再是接受活动融合主体的最佳方式，传统的教育形式、教育手段需要创新改革。

第二，通过专题培训系统灌输科学的职业价值观。近年来，各高校开始注重在课外对学生进行就业创业相关专题培训、辅导，随着科技的发展进步，各种通信手段的激增，手机、网络，以及新媒体的发展，培训方式也呈现多样化，极大调动了大学生了解职业发展规律的积极性，取得了良好的效果。专题培训对于大学生形成系统的、科学的职业价值取向具有重要作用，能够在较短时间内使其获得较快提升。

第三，通过社会实践，让学生亲身体验，促进形成职业价值观。学校组织学生到相应岗位上进行职业准备性练习、体验，通过学生亲身经历职业过程，强化对科学的职业价值观的认同，做到"实践出真知"。

第四，引导、鼓励亲朋、同辈团体给大学生传授经验。由于大学生缺乏完整的职业价值观判断，接受信息时，易受父母、师长、同辈群体的影响，父母、师长往往给大学生经验性的教育、引导，同辈群体则潜移默化地调动大学生了解、接受职业价值观教育的积极性。而且，随着大学生活独立性提高，同辈群体的潜移默化作用日渐增强。

3. 接受客体

职业价值观教育是教育者与受教者之间的交互影响过程，从接受角度来看，职业价值观教育作为接受活动的客体，必然具备德育活动所具有的一般性内涵、特征。同时，也体现出职业价值观念的特殊性质，可以看作一种具有独立性的存在。职业价值观教育与政治、经济、文化系统和教育系统等其他领域相比，有特殊的对象，即人的职业思想、职业态度。具有独特的功能，即促进正确的职业思想观念、职业态度、职业道德的形成。也有自身特殊的规律，即不仅要体现社会发展的要求，依据社会发展的规律，还要考虑个人的发展要求，遵循人的职业观念形成发展的规律。同一般的德育相比，职业价值观教育，在内容、方法等方面也具有特殊性。职业价值观教育要保持独立自主性，必须首先认识、掌握、遵循自身的规律，做到合乎规律性。

4. 接受环境

大学生对职业价值观教育的接受环境是接受活动赖以发生、进行的前提条件和外部背景。接受环境对接受活动起着至关重要的影响和制约作用。接受中介与接受环境有可能重合，这是因为在不同的矛盾相互作用关系或者不同的范围中，接受过程的内在发生是不同的。因此，我们要根据具体接受过程来理解接受环境。根据大学生主体与接受客体发生联系作用的范围，以及其与大学生接触的密切程度可以将职业价值观教育的接受环境由小到大、由内至外，由浅及深可分为微观环境、中观环境、宏观环境。首先，家庭环境作为大学生主体最切近也是与其接触最直接、稳定的微观环境，家庭的影响直接决定大学生看待职业、面对职业选择、发展的价值标准和价值本位。大学生的职业价值观的形成在很大程度上来源于家庭的教育引导。因此，可以说家庭环境对大学生接受职业价值观教育起着决定性影响。其次，学校环境是大学生初步感知社会、认知世界最为强烈的中观环境。大学期间是大学生职业价值取向形成的关键时期，通过切身的人际交往和在学校环境中的亲身经历，大学生获得了对职业最为宝贵真实的感性经验，并且，学校的导向性教育对职业价值观教育的接受产生直接影响，大学生主体将通过在这种接受环境中形成的职业价值准则，对职业价值观教育的信息进行判别、取舍。因此，学校环境对大学生接受职业价值观教育起着导向性作用。再次，社会环境作为大学生生存发展的宏观大环境，其政治、经济、文化环境均对职业价值观教育接受活动的各个要素产生直接或间接的深刻影响。人是社会动物，社会倡导推行的价值观念将影响人的思维模式及价值取向，而社会舆论、社会风气等均会对整个职业价值观接受活动产生潜移默化的影响。另外，信息环境作为对职业价值观教育接受的一个作用频率较高的环境因素，也是当今社会背景下不容忽视的接受环境。随着大众传媒的飞速发展，电视、广播、互联网技术逐渐普及，信息能够在短时间内大量生产、复制和即时传播，形成了广泛的非人际关系的信息环境，或者称为"拟态环境"。现代人的生存越来越依赖于这种信息环境。大学生对职业价值观教育的接受也必须在信息环境中进行，但目前信息环境的职业价值观教育还有待开发、加强。以上四个接受环境就像四个同心圆，层层递进、环环相扣，在不同层面、不同阶段、以不同强度对大学生接受职业价值观教育活动产生重要影响。

（二）职业价值观教育主体接受结构系统的运行过程

依据不同阶段大学生对客体信息的感受程度、阶段特征，职业价值观接受过程可以总结为反映、选择、整合、内化和外化。

1. 反映与选择阶段是职业价值观接受过程的起点

它是指在接受活动发生前期，接受主体已经在先天遗传和后天个体、社会经历的基础上建立起一定的理解问题的角度和观点，我们称之为"前理解状态"。在接受活动发生初期，表现为外在客体教育信息的刺激，处在刺激作用于接受主体，即作用于接受主体的前理解状态，并引起接受主体的反映活动，这就是接受活动的起点。通常来说，并不是所有的客体教育信息都可以引起接受者的积极反映，从而进行下一步的接受活动。我们将反映产生的结果分为两个不同区域。

第一，积极地接受反映活动。这种情况一方面是指客体教育信息很好地作用于接受主体的前理解状态，并且将顺利地进入接受活动的下一阶段。另一方面是指客体教育信息与接受主体的前理解状态产生了一定的偏离，甚至冲突，这样的情况也可能进入接受活动的下一阶段。

第二，消极地接受反映活动。这样的情况意味着客体教育信息与接受者的前理解状态很少或没有发生关联，这样的信息会被忽略掉，无法进入下一阶段的接受活动。其中不难看出，影响接受者对反映活动的一个重要因素就是客体教育信息与接受主体前理解状态的契合程度。此外，影响接受者对客体教育信息反映的另一个需要指明的因素，即客体教育信息本身的强度，刺激性强、发生频繁、作用范围广的信息，往往更容易获得积极的反映结果。另外，需要指出的是，反映这一阶段在接受过程活动中常常处于一种无意识的自发状态。

选择是接受主体根据一定的价值准则，按照一定的思维方法，对已经进入思维领域的客体教育信息进行价值判断，做出取舍的过程。这一过程和反映阶段的不同在于，这是接受主体在有意识地进行价值判断，是初步理性主导的阶段。表现在过程上，可以分为三个层次：首先，是选取客体教育信息与接受主体的确定原则；其次，是运用一定的理性思维方式与方法，对这些信息进行判断、比较、筛选；最后，在分析的基础上做出价值判断，决定需要进入下一阶段接受活动的有确定价值的客体教育信息。一般说来，"当教育的内容与其已有的价值观念相反时，他们往往选择回避或抵制；当受教育者认为，这种教育同自己的已有价值观念相同或相近时，他们就会表现出一定的兴趣，产生共鸣，思想逐渐地向教育内容靠拢"。同样的，影响这一过程的重要因素，依然包括信息本身的强度和与现有接受标准的契合度。另外，接受主体的理性思维成为另一个需要考虑的因素，它使得选择这一过程具有很强的逻辑可求性。

2.整合内化阶段是职业价值观教育接受过程的核心环节

所谓整合，是指接受主体将有确定价值的客体教育信息进行加工，使其纳入到现有的价值体系中的过程。这个加工的过程带来两种不同的结果，借鉴心理学研究成果，我们称之为同化整合和顺应整合。

前者是指现有的新引进的客体教育信息与既有价值观或价值倾向相契合，于是直接纳入原有价值体系的过程，丰富原有价值观。后者是指当新引进的客体教育信息与既有价值观或价值倾向不一致，于是被最终否决，以加强原有价值观，或与原有价值观进行重组，形成新的价值观。

不管是同化还是顺应的整合，最终形成的都是更新过的价值观。它是理性加工的初级价值观，尚不是稳定的。

整合阶段之后将进入的是内化阶段，形成确定的职业价值观。内化一词其实属于心理学范畴，但长时间被教育领域借用。《简明心理学辞典》将其定义为：个体将某种关系、观念、标准、态度等转化为自己内部的心理活动或心理因素的过程。在这里，就是指接受主体将整合阶段形成的尚不稳定的职业价值观，通过心理和行为实践活动检查验证，最终形成稳定的确定的职业价值观的过程。

经过整合形成初步价值观后，就需要内化的过程来帮助这种新的价值观得到加强和完善，而这个过程往往需要一定的时间和相应的行为检验。当新的职业价值观通过这些验证，就将形成内化过的稳定的职业价值观，并开始指导接受主体的价值行为活动，直到有新的客体信息开始挑战这一确定的职业价值观。

3.外化和实践阶段是职业价值观教育接受过程的最终结果

事实上，接受过程的外化阶段其实是一系列接受活动过程中带来的必然结果，并且是接受活动过程本身的一部分。外化的过程在于接受主体的思想、言语和行为表现，在职业价值观接受领域表现为积极的职业价值判断或做出积极的职业选择。外化是指大学生主体将自身内化形成的价值观念转化为实现人生目标的精神动力，并指导实践行为，最终形成相应的行为习惯的过程。这一过程共包括两个阶段：首先，大学生主体将内化的价值观念转化为职业理想信念，并融入情感意志，以形成职业选择所需要的行为动机。大学生这个阶段的思想动态是个人发展需要与职业价值观的价值规定性相碰撞、整合的过程。职业理想信念的树立需要以接受主体自身的现实发展为前提，在二者相互融合的过程中主体实现接受。其次，在行为动机的驱动下，大学生在日常社会生活中始终以职业价值观为自身职业发展的要求，知行统一，用自身的行为方式践行职业价值观。大学生主体经过长期的行为实践最终形成与职业价值观相应的行为习惯，并在实践锻炼中反复强化、完善该职业价值观。此外，实现固化后的大学生主体在整个接受活动中发出的反馈信息将帮助职业价值观不断优化完善，同时，不断在已认同的职业价值观基础上进行新的接受活动。至此，职业价值观也实现了在大学生主体中的完全融入。

二、大学生职业价值观教育体系的建构与运行

（一）坚持主导性与多样性相统一的原则

主导性和多样性是事物存在的基本关系，两者关系是辩证统一，不可分割的。多样性是主导性存在的条件和基础，多样性服从于主导性的发展方向。价值观教育必须遵循主导性与多样性的辩证统一原则，必须处理好主导性与多样性的关系，即在尊重多样性的基础上，坚持主导性。主导性就是保证价值观教育有共同的原则、基本的要求和主要的方向、内容及重点。大学生职业价值观教育，要坚持以满足国家和社会需求为主导，在构建大学生职业价值观教育体系的过程中，坚持这一方向性原则。价值观的多样性具有社会合理性。当前，随着我国社会转型的加速，大学生在价值选择、价值取向上的多样性变化，已成为摆在高校德育工作者面前的事实，学生价值观的多样性变化，是历史逻辑发展的结果，具有一定的合理性。不可否认，大学生价值选择、价值取向的多样性变化使教育的难度增大。在构建大学生职业价值观教育体系的过程中，在主导性原则的基础上，尊重学生个体自我利益实现的多样化需求，在尊重学生自身择业认知差异的

基础上，还要从大学生的现实利益进行切入，以价值引导和利益引导来建立二者统一的教育机制，并逐步使多样化的职业价值观教育效果统一至主导性的教育目的，使得大学生的择业行为是知行统一的自觉行为。

（二）坚持全员教育和针对性教育共同构建的原则

大学生的职业价值观既有普遍存在的共性问题，也有因个体差异而不同的个性问题，因此在开展大学生职业价值观教育的过程中，既要针对普遍性问题开展全员的教育和指导，又要根据个性问题开展有针对性的教育，即贯彻全员教育和针对性教育相结合的原则。针对高校大学生职业价值观教育的现实情况，在对大学生进行全员教育的基础上，注重对个体的针对性教育，也是应当做到的。择业误区、择业盲点，是大学生职业价值观中存在的具有普遍意义的问题，这些适合开展整体教育，以班级或年级为单位，通过专题报告、座谈，以及模拟招聘等形式，教育和引导学生在求职择业过程中，正确处理面对的普遍性问题。全员教育覆盖面广，辐射范围大，是解决大学生中存在的共性问题的有效途径。但是，大学生职业价值观的表现形式，具有明显的层次性和个体性，对个别大学生的职业价值观教育问题，仅靠全员教育是不能解决的，还要进行针对性的个别指导，增强职业价值观教育的辐射力度和针对效果。大学生职业价值观教育要"以人为本"，就是要使得教育内容、教育方式符合学生个体的特点和需求，从大学生的思想实际出发，把握不同层次、不同个体的大学生的实际特点，注重教育内容的差异性和教育方式的灵活性。针对每个学生的个性特点和个性差异，发展学生的潜能，因材施教，实施最适合学生个性发展的教育。侧重学生个体的职业价值观教育，就是将针对性教育贯穿到职业价值观教育的过程，让每个学生都能在适合自身的方面得到更好的发展。

（三）坚持灌输教育与渗透教育相融合的原则

学校的职业价值观教育是改善学生择业观念、促进学生能力素质提高的重要途径。但是，仅以单方面的填鸭灌输和机械训练等教育形式很难取得预期效果。为了更有效地增强大学生的择业意识以及其他职业行为能力，应积极营造氛围，使得各种因素的作用效果最优化，在职业价值观教育的过程中充分调动大学生自身的主观能动性，使他们能够在现实职业环境中进行渗透，无形中得到锻炼和实践。这种教育的有效性在于学生的外部需要和内部需要都能够得到满足，可以在灌输教育和渗透教育的融合中得到更为有效的教育效果。一般来说，一个人的观念形成不是完全依靠自发产生的，而是必须有一个灌输的过程。对大学生进行职业价值观教育，使得科学的世界观、人生观、价值观深入大学生心中，一个最基本的前提是要靠正面引导的灌输教育。然而，大学生的职业价值观包括理想信念、道德操守，以及行为习惯等，它们的形成是一个复杂的过程，既需要灌输教育的正面引导，又需要渗透教育的多维辐射。渗透教育是指没有使大学生明确意识到的教育方式，是德育中常用的教育方式。在大学生职业价值观教育中，教育者依据预定的教育内容，在大学生的生活学习环境中设定有利于大学生感受和体悟的氛围，在无形中接受到教育。当然，单纯依靠灌输教育或渗透教育都是不能解决大学生职业价值观的所有问题的，因此就要求教育者对灌输教育与渗透教育进行融合，使得教育中既有正面的引导和说教，又有把教育内容、目的等渗透至或潜藏在与大学生学习生活相关的活动或环境中，使无形的教育通过有形的活动表达出对大学生的职业价值观教育，通过把握好渗透性，增强职业价值观教育的说服力和感染力。

（四）坚持教育与自我教育相结合的原则

在职业价值观教育的过程中，不仅要使得教育者发挥自身的主体性，也要充分调动大学生的主观能动性，使得他们能够独立解决自己面对的职业价值观问题。一切事物的发展变化是外因和内因共同作用的结果，但外因必须通过内因而起作用，在大学生职业价值观教育过程中，任何的教育形式都是外因，大学生自身的认同与接受才是内因，要明确通过各种形式的外因引导大学生进行自我教育，并通过自我教育这一内因而最终起到作用。在职业价值观教育中，教育者需完成的一项重要任务是教育大学生能够进行自我教育。引导大学生进行职业价值观的自我教育，关键是不断提高他们的自我教育能力。这里的自我教育能力主要包括大学生的自我认识能力、自我激励能力和自我决策能力三方面内容。提高大学生自我教育的能力，就是要使大学生在教育者的引导下，根据对自我的了解和个性分析，能够进行自主决策、自主择业。坚持教育与自我教育相结合，要求教育者善于引导大学生正确认识职业价值和人生价值，找到实现自身价值的正确途径。实现大学生职业价值观教育的目的，关键是自我教育，从教育到自我教育是外部教育转化为内部意识的过程，自我教育使得大学生的内因发挥了作用，而内因这一作用发挥得越充分，教育效果也会越明显。

第七章　大学生人力资本投资与职业发展

第一节　基本理论概述

一、人力资本投资理论

（一）人力资本理论

人力资本理论的历史渊源可以追溯到 18 世纪中叶，亚当·斯密在《国富论》中首先提到人力资本问题，他指出："学习是种才能，这些才能既是他个人自然财产的一部分，对于他所属的社会也是财产的一部分。"这段论述对人力资本的内涵进行了最早的阐述，为现代人力资本理论的产生和发展奠定了基础。

1. 人力资本的内涵

20 世纪 60 年代初，舒尔茨在探讨美国经济总产出增长快于要素投入增长的根源时，发现教育、保健、在职培训、迁移等投入在经济增长中发挥着重要的作用，他把这些要素定义为人力资本 (Human Capital)，并认为人力资本是某种投资的结果。

舒尔茨的人力资本理论有 5 个主要观点，包括：

（1）人力资本是基于人体的知识、技能、体力价值的总和。劳动者的数量、质量以及劳动时间是衡量一个国家人力资本的基础。

（2）人力资本是通过各种渠道投资而形成的价值综合体。人力资本投资的主要渠道包括营养及医疗保健费用、学校教育费用、培训费用，择业过程中的人事成本和迁徙费用等。

（3）经济增长的主要源泉来自于人力资本投资。人力资本投资的增长提高了经济发展过程中的工作质量，从而成为经济增长的一个重要的源泉和动力。

（4）人力资本投资能够收到最佳的效益。人力资本投资的目的是为了获得收益。舒尔茨曾经对美国教育投资对经济增长的关系做了定量研究后（1929—1957年）得出结论：人力资本投资是回报率最高的投资，研究发现教育投资的平均收益率为17%；教育投资增长的收益占劳动收入增长的比重为70%；教育投资增长的收益占国民收入增长的比重为33%。

（5）人力资本投资的实质是耐用性消费，远高于物质的耐用性消费。在舒尔茨提出人力资本投资理论之后，许多学者对人力资本投资理论进行深入研究，如爱德华·丹尼森、加里·贝克尔和卢卡斯等，产生了许多有价值的理论。他们在继承和发扬前人关于教育的经济价值思想的基础上，从资本增值的角度创造了独特的人力资本理论研究框架和方法，对教育及教育投资的经济价值做了较为深入而全面的分析和评价，并在全世界范围内产生了巨大而深远的影响。

Leak和Snell认为，人力资本是组织的关键核心资源与能力，并且可以为组织获得竞争优势。[1] 这个结论从组织角度阐述了人力资本的概念。

徐鸣认为，人力资本是指蕴藏在人身上具有异质性和边际收益递增性的有用价值的总和，是能够带来未来预期收入的一种无形资源。[2] 这个结

---

[1]　LEAK D P, Snell S A.The Human Resource Architecture:Toward a Theory of Human Capital Allocation and Development [J].*Academy of Management Review*,1999,24(1):31-48.

[2]　徐鸣.论人力资本的要素结构及其特性[J].江西财经大学学报，2010，72（6）：10-13.

论从个人角度论述了人力资本的概念。

孙健敏认为，人力资本是指体现在人身上的技能和生产知识的存量，是后天投资所形成的劳动者所拥有的知识、技能和健康等的总和，它反映了劳动力质的差别。[①] 人力资本的概念可从 5 个方面来理解：人力资本是依赖于人的体力能力和脑力能力，因而具有劳动能力的劳动者具有人力资本的依附基础；人们的体力和智力是由营养、保健、医疗和教育、培训、自学等形成的，即需要投资；人力资本是通过人的有效劳动创造的价值体现出来的，失去劳动能力的人或不参加劳动的人，因为不能创造价值，因而也失去了人力资本；按照市场经济法则，谁投资谁受益，因而人力资本创造的经济效益，按投资比例分配给个人、企业和国家；人力资本对个人是从小到大直到老年，从投资、产出直到分配，从获得、增长直到降低、消耗的全过程。

张文贤认为，人力资本是指特定行为主体通过投入一定费用并能够实现价值增值，依附于某个人身上的价值存量的总和，并以此分享收益的价值。[②] 简单地说，人力资本是依附于人的身上，具有可投资性、增值性的价值存量以及以此分享收益的价值的总和。

2. 人力资本与物质资本和人力资源的区别

（1）人力资本与物质资本的区别

人力资本是相对于物质资本而言的一个概念，人力资本与物质资本相比有以下特点：

①人力资本体现在人身上，表现为人的才干、知识、技能和经验等非物质的东西；而物质资本体现在物质上，表现为建筑物、设备、原材料等。

②物质资本往往是一次性投资，并可预期其收益；而人力资本则是长期投资，即所谓的"活到老学到老"，是不易预期收益的。

③物资资本投资构成组织的物质资产可以明确计算，人力资本投资是不易明确计算的。

---

① 孙健敏. 人力资源管理 [M]. 北京：高等教育出版社，2004：378-380.

② 张文贤. 人力资本 [M]. 成都：四川人民出版社，2008：26.

④物质资本可以随意处置，人力资本归劳动者个人所有，只有在劳动者同意并签订协议的情况下才能使用。

（2）人力资本与人力资源的区别

①内涵不同：人力资源属于人口的组成部分，包括简单劳动力和复杂劳动力。人力资本属于资本的特殊形态，是经过后天投资形成的、具有经济价值的知识、技能的资本存量，它是以人力资源中的复杂劳动力为载体的。

②研究的范畴不同：人力资源是一种特有资源，是与自然资源相对应的概念，属于资源配置和资源管理的范畴，侧重于人内在能力开发和能力的发挥所需要的组织调整和环境再造。人力资本是一种特殊资本，是与物质资本相对应的概念，属于投资学和增长经济学范畴，主要研究投资的形成、收益率计算，对经济增长的贡献，教育、培训等投资形式对人力资本的影响、核算和计量等。

③外延不同：人力资源是一个宏观的、概括性的范畴，包括自然人力资源、培训上岗、技能与知识等；而人力资本只是人力资源中的教育性投资的凝结，仅指从事复杂劳动的能力和知识。

④强调的重点不同：人力资源强调劳动的量，人力资本却强调劳动者的素质。

⑤形成途径不同：人力资源属于自然人力资源，维持其体力简单再生产的费用支出，并不形成人力资本。人力资本是教育培训的直接支出和机会成本等价值在劳动者身上的凝结。

（二）人力资本投资的内涵

一般来讲，人力资本投资（Human Capital Investment）被定义为任何就其本身来说是用来提高人的生产能力从而提高人在劳动力市场上的收益能力的初始性投资。人力资本投资是指为了使作为人力资源载体的劳动者掌握必要的知识、技能，从而提高劳动者素质所进行的投资，也包括劳动者为了追求更好地体现自身所拥有的人力资源的价值或获取更满意的收益等目的而在不同地域、不同单位之间流动时所进行的投资。人力资本投资的最终目的是为了提高人力资源的利用效益。

　　关于人力资本投资的相关研究，一些学者构建了人力资本投资的差异框架，针对不同的劳动力阶层的人力资本投资的研究，深入探讨人力资本投资与经济增长的关系，人力资本投资与职业满意度的关系等。关于人力资本投资测算的应用划分为 3 个层次，即宏观层面的应用，包括国家和国家内部各地区的比较研究；企业的中观层面的应用；个人和家庭的微观层面的应用。每一个层次又对应着不同的应用内容和范畴。

　　目前，关于人力资本投资的研究仍存在不足。一是关于人力资本的研究大多从宏观角度或经济学角度入手，较少从微观角度，即个人的角度着手研究；二是微观人力资本投资研究往往侧重于某种投资形式的研究，如对培训、员工发展的研究等，但多层次、多维度的系统研究不多；三是现有研究缺少成熟的测量工具与切实可靠的实证数据。

（三）大学生人力资本投资理论

　　目前，关于人力资本及人力资本投资研究的文献很多，而关于大学生人力资本投资的研究并不多，关于大学生人力资本的研究主要有如下几个方面：

1.大学生就业状况对大学生人力资本投资的影响研究

　　吴克明和朱慧丽对大学生就业难与个人人力资本投资的影响关系进行了研究后认为：一是大学生就业难的消极因素影响投资高等教育的积极性。二是大学生就业难会导致两种结果，一方面会使一部分人调整人力资本投资方向，使得人力资本投资结构更加符合市场需求；另一方面也会使一部分人面对更高的学习压力，迫使他们努力增加人力资本投资。所以，应当客观评价大学生就业难对于人力资本投资的影响。[①]

2.大学生人力资本投资的风险与收益研究

　　薛琴和胡美娟指出，大学阶段在一个人的一生中处于基础和关键阶段，是大学生作为"学生人"走向社会和参加工作转换身份的桥梁。大学

---

① 吴克明，朱慧丽．大学生就业难对个人人力资本投资的影响 [J]．湖南师范大学教育科学学报，2004（7）：94-97．

生应理性分析和看待大学生人力资本投资风险与收益，合理设定大学生活目标并制定大学生涯规划，从学习知识、认识社会和职业准备三方面合理规避大学生人力资本投资风险。[①] 彭银春和张卫宇认为，健康是人力资本所有者实现预期投资收益的基本前提，只有加强和改进大学生的健康状况才能更好地实现大学生人力资本投资收益。[②] 楼红平提出高等教育的投资收益包括个人收益和社会收益两个方面。[③] 个人收益主要包括受教育者可以在未来的工作中获得较高的收入；可以合理地分配收支状况；能注重身体健康，以较好的身体素质去增加收入；有较多的职业机动性，不至于失去就业机会，以取得较高的收入。

二、职业期望理论

（一）职业期望的内涵

职业期望的研究起源于 20 世纪 20—30 年代，随着职业心理学的发展而兴起的概念，我国的相关研究起源于 20 世纪 70—80 年代。国内现有的文献中，对大学生职业期望的研究并不多，对其影响因素及作用机制的探讨远远不足。研究大学生的职业期望对大学生制定职业生涯规划，明确职业目标，提高大学生就业水平具有重要的意义。

职业期望是人对某种职业的渴求或向往，它既是个人内在职业价值观的外在表现，又是决定个人职业选择的内在动力源。职业期望包含了个体对职业所能带来的声望地位、自身的发展与自我实现、职业福利等方面。

吴谅谅和李宝仙认为，职业期望又称职业意向，是个体对职业的渴望和向往，是个体对待职业的一种态度和信念。它既是个人内在职业价

---

① 薛琴，胡美娟.大学生人力资本投资风险及其规避 [J].南京工程学院学报（社会科学版），2006（9）：53-57.

② 彭银春，张卫宇.论思想状态、健康资本与大学生人力资本投资收益之关系 [J].中国校外教育（理论），2007(10)：46-47.

③ 楼红平.人力资本投资视角下的高等教育投资及其风险防范分析 [J].现代商业，2007(16)：196-197.

值观的外在表现，又是决定个人职业选择的内在动力源，并将大学生职业期望因素分为声望地位因素、稳定因素、内在价值因素和外在价值因素 4 个部分。

（二）职业期望相关理论

一般说来，职业期望是从心理学角度来界定的，是职业价值观的外在表现形式，由于职业期望是人们职业生活中表现出来的价值取向，因此，职业期望与职业价值观是既有联系又有区别的概念，属于个人倾向性的研究范畴。许多学者将职业期望和职业价值观视为同一个概念，运用相同的量表进行研究，本研究认为，职业价值观体现在个体的心理方面的研究，体现人们对职业的信念和态度。而职业期望趋向于个体行为方面的研究，可以说是一个问题的两个方面，职业期望属于个体倾向性的研究范畴，是职业价值观的外在表现，也是个体人生观、世界观的折射，每种职业有各自的特性，不同人对职业特性可能有不同的评价和取向，这就是所谓的职业价值观。本文认同这种看法，对职业期望概念的理解归纳为 3 点：①职业期望表现为职业中的个体行为，而非群体或组织行为；②职业期望是劳动者的一种主动追求，而不是空想、幻想的理念，劳动者根据自身的兴趣、价值观、能力等与社会需要、社会就业机会不断融合以尽量达成个人目标的实现；③职业期望不同于职业声望。职业声望是人们对职业地位的反映，即人们对某种职业的职位权力、工资待遇、晋升机会、发展前景、工作条件等社会地位资源情况的反映，是人们对某种职业社会地位高低的主观评价。职业声望与职业期望的含义既有区别又有联系，劳动者个体倾向于追求的职业大多是社会声望较高的职业。

（三）职业期望量表

职业期望量表包括三个影响因素，即声望地位、稳定性因素，内在价值因素和外在价值因素，如表 7-1 所示。

表 7-1 职业期望的因素结构

声望地位、稳定性因素	内在价值因素	外在价值因素
单位知名度	能发挥自己的才能	收入高
单位规模大	信息流通	福利好
单位级别高	自主性大，不受约束	能提供受教育机会
社会地位较高	工作有挑战性	有出国机会
容易成名成家	符合兴趣爱好	晋升机会多
职业稳定	机会均等，公平竞争	交通方便
提供医疗、养老、住房公积金	能学以致用	环境优美
单位在大城市		

三、理论研究假设与概念模型

（一）人力资本投资与职业期望和职业发展关系研究

1. 人力资本投资与职业期望和职业发展关系研究

在国内外直接系统研究大学生人力资本投资与职业期望和职业发展关系的文献并不是很多，一些学者从人力资本理论的视角对就业能力、职业价值观、投资风险和职业选择等方面进行了有益的探索。

申永东指出，教育是人力资本投资的主要形式，其主要作用表现在四个方面：第一，教育是培养劳动者道德价值观的重要手段；第二，教育是提高劳动者智力素质的主要途径；第三，教育是培养和提高劳动者创造力的关键；第四，教育对劳动者的健康有着较大的影响。[①]

薛利锋在进行人力资本投资对就业能力的影响研究中指出，个人就业能力决定于个人的特征，比如性别、年龄、受教育程度、健康状况等，这些个人特征的形成决定于人力资本投资水平，因而人力资本投资直接影响

---

① 申永东. 大学生就业指导教程 [M]. 广州：华南理工大学出版社，2007：16.

着个人就业能力，人力资本投资对就业能力的影响如图 7-1 所示：[①]

图 7-1　人力资本对就业的影响

赵宏斌从个体教育投资视角研究人力资本投资风险问题，认为个体的教育投资风险，主要包括对受教育过程的选择风险和职业选择风险，并在此基础上研究我国个体教育的投资风险的实际，对规避风险决策的一般方法进行探索，指出在教育劳动力市场存在风险的教育年限和职业的组合选择，以实现个体的教育投资效用最大化。[②]

黄敬宝认为，就业能力是将高等教育服务转化为人力资本存量，并实现大学生的综合能力。从人力资本投资的角度来看，经过高等教育的大学生就业能力是大学生就业结果好坏的决定性因素。就业能力的高低与高校提供高等教育服务的数量与质量、大学生的综合素质、就业意愿和就业行为，以及与政府的教育政策等因素密切相关。[③]

2. 职业期望与职业自我效能、职业发展和职业成熟度之间的关系研究

王荣山对大学生职业价值观、生涯决策自我效能与职业成熟度的关系进行研究，如图 7-2 所示，得出如下结论：

（1）大学生职业价值观、生涯决策自我效能有极其显著的相关性；

（2）生涯决策自我效能和职业成熟度在部分维度上显著正相关；

（3）职业价值观和职业成熟度在绝大部分维度上显著相关。

① 薛利锋.大学生择业心理与择业价值观教育 [J].东北师大学报（哲学社会科学版），2010,243（1）：175-178.

② 赵宏斌.人力资本投资风险 [M].上海：上海交通大学出版社，2007：23.

③ 黄敬宝.就业能力与大学生就业——人力资本理论的视角 [M].北京：经济管理出版社，2008：16.

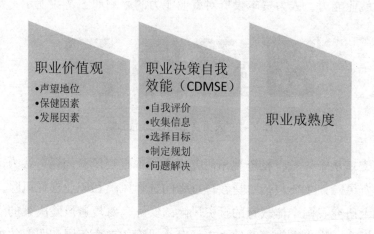

图7-2　各变量对职业成熟度的预测模型

第二节　大学毕业生职业成熟度研究

一、大学毕业生职业成熟度框架

职业成熟度是指个体在完成与其年龄相应的职业生涯发展任务上的心理准备程度。职业成熟度愈高，代表对职业的规划与执行能力愈强，能够做出最适当的职业选择，进而获得成功的职业发展。反之，职业成熟度愈低，则表示对职业的规划与执行能力愈欠缺，愈有可能做出不正确的职业选择，进而迟滞个人职业生涯的发展。职业成熟度是就业成功的关键因素之一。理清大学生职业成熟度实证研究的工具、内容及研究趋势，对高校的就业指导工作具有一定的理论指导意义和实践应用价值。目前，对于大学生职业成熟度实证研究的内容主要集中于大学生职业成熟度在人口统计学变量上的差异，即关注影响大学生职业成熟度的个体内部变量，而考察大学生人力资本投资、职业期望、职业自我效能、职业发展等变量与大学生职业成熟度之间的关联将成为未来的研究方向。

综合考量各上述因素，这里将大学毕业生职业成熟度结构构建为三层结构框架，如图 7-3 所示。

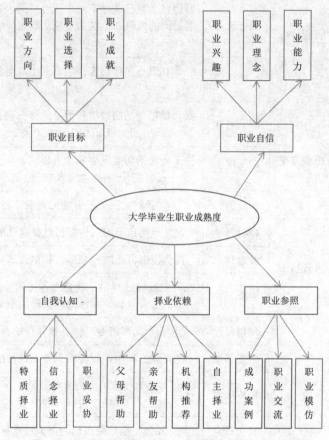

图 7-3　大学毕业生职业成熟度指数层次模型

大学毕业生职业成熟度结构为三层结构，第一层为大学毕业生职业成熟度；第二层为职业目标、职业自信、自我认知、择业依赖和职业参照，是第一层的亚解释变量；第三层为解释变量，如表 7-2 所示。

表7-2　大学毕业生职业成熟度结构表

第一层	第二层	第三层	具体解释
大学毕业生职业成熟度	职业目标	职业方向	对于未来从事何种职业，我已有明确的目标。
		职业选择	即使目前我已选择了一个较合适的职业，但随着时间的推移和情况的变化，我可能改变我的职业。
		职业成就	我有信心在自己选择的职业上取得良好的业绩。
	职业自信	职业兴趣	我会根据自己的兴趣和爱好选择自己喜欢的职业，无论别人如何看待。
		职业理念	为了未来的职业发展和个人生活，我会基于自己的信念选择职业。
		职业能力	我对自己的职业能力充满信心。
	自我认知	特质择业	我会根据自己的人格特性选择自己的职业。
		信念择业	我会根据自己的择业标准和信念选择职业。
		职业妥协	在职业选择过程中，我会对各种利弊因素进行综合分析，理性选择自己的职业。
	择业依赖	父母帮助	父母会帮助我择业，我会按父母的希望择业。
		亲友帮助	在择业过程中，我会得到亲朋好友的帮助。
		机构推荐	我会考虑学校或机构的推荐意见，并根据个人情况进行择业。
		自主择业	我会完全依照自己的能力进行择业。
	职业参照	成功案例	我喜欢收集在我职业兴趣领域内的成功案例。
		职业交流	我愿意同感兴趣的职业领域的人进行交流。
		职业模仿	我倾向于模仿在自己感兴趣的职业领域成功的做法。

　　为了构建大学毕业生职业成熟度模型，需要在其结构模型的各层之间进行赋权，根据权重和指标形成大学毕业生职业成熟度指数，因此选择合

适的赋权方法是得到准确的大学毕业生职业成熟度指数的前提。

二、客观赋权方法比较研究

（一）多元线性回归赋权方法

多元线性回归（Multiple Linear Regression，MLR）赋权方法通过建立一个潜变量和多个解释变量的线性回归方程，运用回归系数的显著性检验方法来说明这些解释变量对潜变量的解释能力。

多元回归分析的数学模型为

$$Y=\varepsilon+\beta_0+\beta_1X_1+\beta_2X_2+\cdots+\beta_pX_p$$

上式表示一个 p 元线性回归模型，其中有 p 个解释变量。它表明被解释变量 Y 的变化可由两部分组成：第一，由 p 个解释变量 X 的变化引起的 Y 的线性变化部分，即 $Y=\beta_1+\beta_1X_1+\beta_2X_2+\cdots+\beta_pX_p$；第二，由其他随机因素引起的 Y 的变化部分，即 ε_0，ε，β_0，β_1，β_p 都是模型中的未知参数，分别为回归常数和偏回归系数，ε 为随机误差，也是一个随机变量。

多元线性回归模型的回归方程为

$$E（Y）=\varepsilon+\beta_0+\beta_1X_1+\beta_2X_2+\cdots+\beta_pX_p$$

估计多元线性回归方程中的未知参数是多元线性回归分析的核心任务之一。从几何意义上来讲，多元线性回归方程是 p 维空间上的一个超平面，即回归平面。

（二）熵权值赋权方法

运用信息熵确定权重，主要是基于信息熵是系统无序程度的度量的基本概念，某个评价指标的信息熵越小，表明指标值的变异程度越大，提供的信息量越大，在综合评价中所起的作用越大。因此熵权值（Entropy Weight，EW）赋权方法是指根据各个解释变量的变异程度所反映的信息量的大小来确定权重的客观赋权方法。

设有 m 个评价指标 n 个评价对象所形成的原始数据矩阵 $X=（x_{ij}）_{m\times n}$，熵权值的计算步骤：

（1）对 X 各个指标值的数据归一化处理，得到矩阵 $X = (x_{ij})_{m \times ny}$，计算第 i 个指标下第 j 个评价对象指标权重：$p_{ij} = \dfrac{x_{ij}}{\sum\limits_{j=1}^{n} x_{ij}}$

（2）计算第 i 项指标信息熵值：$H_i = -\sum\limits_{j=1}^{n} p_{ij} \log_a p_{ij}$

（3）计算指标 i 的差异性因数：$G_i = 1 - H_i$

（4）确定指标 i 的熵权值：$\omega_i = \dfrac{G_i}{\sum\limits_{i=1}^{m} G_i}$

（三）客观赋权方法比较研究

多元线性回归（MLR）赋权方法具有携带信息量大、易于理解和操作的特点，但多重共线问题严重影响回归模型的稳定性。

主成分回归（PRC）赋权方法通过坐标的正交旋转，形成具有独立性的解释变量，回归后能够很好地克服解释变量的多重共线问题，提高了回归系数的稳定性，但该方法需要选取合适数量的主成分。

熵权值（EW）赋权方法借助于信息熵的基本原理进行赋权，可以最大限度地携带解释变量的信息，通过赋权可以提高解释变量的解释力度，但该方法的缺点是不能解决多重共线问题。

综上所述，PRC 赋权方法具有消除多重共线问题，增加系统的稳定性的优点，EW 的赋权方法具有解释能力强、携带信息量的优点，将两种方法有机结合，基于主成分回归的熵权值赋权方法应运而生。

第八章 大学生职业生涯规划管理与实践

第一节 职业生涯规划管理

一、职业生涯规划个体自我评估指标体系的构建

个体自我评估是制定职业生涯规划的重要环节，要正确地进行自我评估，前提是建立合适的指标体系。因此，从哪些方面、对照什么指标进行测评就成了核心问题。根据社会对职业人才的要求，个体自我评估应从德、智、体、美四个维度构建指标体系。

（一）"德"层面的个体自我评估指标

德通常指品性、态度。这无疑是对人的评估中最重要的评价维度，也是最需要内化的指标。公民的德对国家的声誉、社会进步和经济发展都有重要影响，这方面的要求是热爱祖国、服务人民、崇尚科学、辛勤劳动、团结互助、诚实守信、遵纪守法、艰苦奋斗。这是品德维度的第一层面要求，也是核心要求，其中忠诚守信是个人品质中的核心要素。第二层面要求是职业道德，是行业对职业的品德要求。

两个层面共 12 个指标，是构成品德维度分层指标体系的主要内容。8 个基本指标不需扩充，行业指标可视需要适当增加具有特色的行业评估

指标以及岗位评估指标，具体见表8-1，评估等级标准参照表8-5。

（二）"智"层面的个体自我评估指标

在保证正确的政治方向的前提下，智力水平是影响个体自我评估的决定因素。智力是各种能力的集合，国际上已经明确了在此集合中有一个核心子集，即关键能力子集。处理一切事件的"五何（何时、何地、何人、何事、作何准备）准则"的运用能力简称为"谋事五何能力"，是关键能力的基本内容。"五何"准则在各类事件上的运用能力凸显了个体的关键能力，而这种能力最终通过计划能力和沟通能力表现出来。

对成事而言，弄清楚该事件是什么样的事，即事件的性质、属性是什么，有什么预计的目标（是何），为什么要做这件事（为何），该事来自何处或由什么引发并与哪些事有关（由何），完成该事的主客观条件如何及怎么做才能达到目标（如何），结果应该是什么样子，如果条件变化对该事的影响如何，有什么应对措施（若何），其中包含了计划、沟通、分析等环节，可称为"成事五何能力"。

对现代资源的收集、利用与管理能力是一种关键能力。现代资源有六类，即时间、人力、财富、物质、能量、信息，其中时间是最需要珍惜与节约的资源。基于上述认识，可以给出智的分层指标，见表8-2。

（三）"体"层面的个体自我评估指标

体这一维度的分层指标体系包括下列内容：第一层面，"普通卫生"指标。"卫生"的本意应当是"护卫生理器官"之意，通常是指"不需专业知识就能护卫"之意。第二层面，"卫生习惯"指标。详见表8-3。

（四）"美"层面的个体自我评估指标

科学求真、道德求善、生活求美是自我评估的最高目标。懂得历史之美才不会浮躁；懂得书画之美才不会古板；懂得音乐之美才不会孤独；懂得残缺之美才不会绝对。由此可得出美育方面的评估指标，如表8-4所示。

表 8-1　德的分层指标

指标分层	指标内容
岗位特定指标	随岗位特点而定，如质检和秘书岗位强调过手无小事，保安岗位强调见义勇为等
行业共性指标	忠于职守、惜时高效
人的核心指标	热爱祖国、服务人民、崇尚科学、辛勤劳动、团结互助、忠诚守信、遵纪守法、艰苦奋斗

表 8-2　智的分层指标

指标分层	指标内容
专业能力指标	随岗位特点而定，如软件类突出设计编制能力、测试能力，硬件类突出相似物辨异能力、性能测量能力等
关键能力指标	1. 何时、何地、何人、何事、作何准备——谋事五"何"准则； 2. 是何、为何、由何、如何、若何——成事五"何"准则在一般事件和专业事件上的运用能力（成事五"何"能力）； 3. 现代资源收集、利用与管理能力； 4. 计划与沟通能力

表 8-3　体的分层指标

指标分层	指标内容
卫生习惯指标	个人卫生习惯、公共卫生习惯（在工作、学习等公共场所的保洁意识与卫生习惯）
普通卫生指标	体能指标（身高、体重、速度、耐力、承重力等），肢体指标（强壮性、柔韧性、协调性等），五官指标（视觉、听觉、嗅觉、味觉、触觉）

表8-4　美的分层指标

指标分层	指标内容
理想指标	过程与结果的和谐之美
扩展指标	懂书画、音乐之美
基本指标	懂得历史、残缺之美（历史感、相对感）

表8-5　评估等级标准参照表

等级	标准描述
4	全部指标达标，部分指标特别优秀
3	大多数指标达标，少数指标基本达标
2	核心指标达标、其他同类指标基本达标，少数指标勉强达标
1	核心指标不达标

综上所述，构建一个自我评估的指标体系是实施评估的基础，指标的主要作用是引领和导向。表8-1、表8-2、表8-4中最底层指标构成了个体的关键能力评估指标，从中又可提炼出"忠诚守信、谋事五何准则、成事五何准则、历史感、相对感"五条核心指标。这五条指标作为做人做事的基础指标，构成了个体关键能力的核心子集，是个体自我评估的核心内容。

二、职业生涯规划对大学生就业的重要作用

第一，正确认识自己，不断完善自己。职业生涯规划就是个人和组织相结合，在判断、分析和总结个人职业生涯的主客观条件的基础上，对自己的兴趣、爱好、能力、特点进行综合分析和权衡，结合时代特点，根据自己的职业倾向，制定出最适合自己的事业奋斗目标，并加以有效的安排，以达到个人职业目标。通过职业生涯规划进行分析，可以正确地认识自己，对自己有明确的定位，并根据环境的变化，不断发展自己，提高自己，完善自己，以适应时代发展的步伐。

第二，提升竞争力，强化竞争意识。当今社会正处在变革的时代，竞争无处不在，职业竞争尤为突出和激烈，热门岗位供不应求，要在这场激烈的竞争中脱颖而出，保持优势，就必须依靠职业生涯规划。职业生涯规划可以帮助大学生根据自身情况客观地分析自己，明确职业目标，制定切实可行的职业发展路线，不断提高职业竞争力，加强专业知识学习，强化竞争意识，实现人生价值。

第三，培养前瞻性，适应社会经济发展。在人类社会不断发展进步的今天，知识经济对人力资源的需求提出了更高的要求，不仅要求人才具备合理的知识结构和专业知识储备，而且要求人才必须具有较强的逻辑思维和创新能力等方面的综合素质。与此同时，当代大学生又是国家的未来，民族的希望，是未来社会主义事业的建设者和接班人。科学合理的职业生涯规划，有助于当代大学生正确认识自我，确定人生职业发展的最佳路径，使之更好地适应社会和时代对人才提出的新要求。

三、大学生涯规划教育评估模式的建构

（一）关于大学生涯规划教育的涵义界定

大学生涯规划教育这个概念是建立在"生涯""生涯规划"等基础上的，目前国内外专家学者对此概念有不同的见解。美国心理学教授舒伯于1976年提出的对于生涯的定义是目前生涯学者普遍采用的。他认为"生涯是生活中各种事件的演进方向与历程，统合了个人一生中各种职业与生活的角色，由此表露出个人独特的自我发展组型。一个人一生中所扮演的角色包括：儿女、学生、休闲者、工作者、配偶、父母、退休者等项"。按照扮演角色的不同可以分为学生生涯、职业生涯、退休生涯等。周祥龙在《大学生涯规划》一书中指出"大学生涯规划就是主要针对大学这一特殊时间段，根据学校教学的客观现实和自己的实际条件以及对未来要从事的职业的认识，思考自己大学生活如何度过，制定出个人四年之中在学习、思想、择业、就业等方面知识、素质、能力等培养的总目标和阶段性目标，并通过逐步实施、考核、反馈、调整行动方略，顺利、充实地度过大学四

年并实现最终职业目标，为人生的持续发展奠定坚实基础的过程"。笔者认为"大学生涯规划教育"是以大学生在大学期间的成长特点和心理发展规律为依据，以提升大学生的综合素质为核心，以大学生涯发展过程为着眼点，引导大学生探究个人自我价值，挖掘个人潜能，在大学生涯规划辅导者或生涯咨询专家的相助下，明确大学生涯发展方向，通过教育和大学生自我教育，促进大学生个体的自我成长，能合理规划大学生活，最终达到实现职业生涯目标的目标。

（二）国内外大学生涯规划教育评估模式的理论借鉴

大学生涯规划教育作为一种教育行为，其评估模式的构建首先应符合教育评估模式。所谓教育评估模式（Educational Evaluation Models），是指在一定理论指导下，由评价结构、功能、过程和方法等要素相互联系、相互制约而构成的一种教育评估范式，它是教育评估基本理论与方法的总体概况，是教育评估类型的总构思。近代国外著名的教育评价模式有：泰勒的行为目标达成模式、斯塔弗尔的 CPP 模式、斯克里芬的目标游离模式、斯塔克的应答模式等。根据大学生涯规划教育的特点，斯塔弗尔的 CPP 模式和发展性评估模式对我国大学生涯规划教育评估具有一定的借鉴意义：

其中，CPP 模式是由美国的斯塔弗尔提出，他认为评估可以分为两部分：一是过程评价，用来指导方案的实施和调整修改；二是成果评价，用目标达到的程度来评价效果。CPP 模式既符合大学生涯规划教育注重过程管理和目标管理相结合的特点，又和大学生涯规划动态调整的特征相吻合。发展性评估模式认为，评估是一个协助评估主体总结工作绩效，分析优缺点，采取改正措施，扬长避短，更有效地实现目标的系统、持续性的过程，这是一种面向未来的、以持续改进为目的的、突出可持续发展的评估模式。它强调评估标准的多样化，评估不仅仅局限于对衡量教育活动及其结果是否达到某个标准，而要衡量教育活动是否有利于满足不断变化的、多样化的需求。这与大学生涯规划教育以满足大学生多样化的个性需求相吻合。

（三）大学生涯规划教育多元评估模式的建构

根据大学生涯规划教育的特点和本质要求，借鉴国外教育评估的先进理论，在大学生涯规划教育评估模式中可采用斯塔弗尔的 CPP 模式和发展性教育评估模式相结合的多元评估模式，不仅注重对大学生涯规划教育的过程评估，而且注重对大学生涯规划教育的目标评估，同时又不局限于单一的评价标准，而是以满足大学生个体多元化需求为前提，制定相应的评估方案。

1.评估原则

坚持内适评估与外适评估相结合的原则，即大学生涯规划教育要坚持促进大学生素质提升（内适）和满足社会需求（外适）相结合的原则，这是大学生涯规划教育评估最基本的原则。

坚持定性评估与定量评估相结合的原则。定性评估是以实现大学生涯规划教育目标为依据，定量则是反映大学生涯规划目标的实现程度。如对大学生涯规划目标中的专业素质评估侧重采用定量评价的方式，对思想素质、政治素质等非专业素质可侧重采用定性评价方式。

坚持过程评估与目标评估相结合的原则。恩格斯曾经说过："世界不是既成事物的集合体，而是过程的集合体。"大学生涯规划教育的过程，是大学生实现大学生涯规划目标的过程，也是大学生逐步实现素质提升的过程，该过程是动态变化的过程。因而大学生涯规划教育评估既要注重过程评估，也要注重目标评估。

坚持宏观评估与微观评估相结合的原则。大学生涯规划教育评估过程是个理论与实践相结合的过程，要科学分析这一过程，就要把握宏观评估和微观评估相结合的原则。宏观评估要着眼于大学生生涯规划教育的宏观背景、社会形势，立足于大学生涯规划教育评估这一整体；微观评估则主要针对大学生涯规划教育活动的具体实施做出价值和绩效评判，包括对教育者、受教育者、教育过程的评估。

2.评估方法

开展大学生涯规划教育的最终目的是要提升大学生的素质，促进大学生个体的成长成才。由于大学生涯规划是个动态的过程，不是静止的、一成不变的，借鉴发展性评估理论要求，在大学生生涯规划教育评估方法的选择上既要符合教育评估，也要符合大学生涯规划的特点；既要注重考虑评估对象的发展性变化，也要面向未来、以评估对象的持续改进为着眼点和落脚点。具体可采取校内外评估相结合的方式，校内评估可采取上级部门评估下级部门、学生的自我评估、建立教师与学生的互评机制、专业辅导老师评价等。校外的评估可分为用人单位对毕业生、实习生的评估以及家庭的评估两部分。在实际操作中，可通过大学生个体自省、面谈、问卷、测验以及情景模拟等方式来实现。

多元化的评估模式需要有多元化的评估标准来配套，而多元化的评估标准主要体现在评估主体的多元化。在大学生涯规划教育评估中，不仅要有大学生自我评估、教师评估、社会评估，还要引入元评估，从多元化的视角对大学生涯规划教育做出评估，使评估结果更加公正化、科学化。此外，评估指标的制定要涵盖大学生涯规划教育的所有环节和主要内容，要随大学生涯规划教育目标的调整而调整，既突出重点，又能连接过程。高校要从每位新生一进校就建立个性化的成长档案，记录大学生的大学生涯规划实施情况，记录他们在大学期间不同阶段接受的教育、制定的目标以及目标的实现情况等，引导大学生进行自我评估与反馈。

第二节　大学生综合能力与职业生涯规划

一、大学生求职语言与职业生涯规划

（一）大学生求职书面语言的特征

语言符号是最重要的沟通媒介。人与人的交流，可以用多种沟通媒介来取得信息和传递信息，但人们使用频率最高、使用面最广、使用方法最简便的应首推语言媒介。作为沟通媒介的语言可以分为四大类：第一类，"有声语言媒介"，如自我介绍、回答面试官提问等；第二类，"书面语言媒介"，如自荐书、求职简历等；第三类，"类语言媒介"；第四类，"人体语言媒介"，如体态语等。

公关语言是以和谐的人文意识来交流的一种沟通艺术。沟通媒介理论对求职语言运用的启示主要有三点：第一，选择最合适的语料，愉悦沟通；第二，组织最恰当的语句，激活沟通；第三，发挥多媒体的整合效应，强化沟通。

公关语言是一种和谐的人际沟通。而求职书面语言则是求职者与招聘官之间的人际沟通工具，因此属于公关语言的范畴。一方面，求职书面语言具有公关语言的普遍特征，如具有明显的双向性（求职者与招聘官在求职过程中的双向互动）、文明礼貌性、情感性等；另一方面，求职书面语言在其运用和发展过程中又形成自己不同于其他公关语言的鲜明特色。

借助于言语行为的理论，在修辞学研究中区分出四种类型的话语：表达信息的话语、影响言行的话语、言语即行为的话语、抒发情感的话语。而求职书面语言主要是表达信息，并影响招聘官的招聘行为。因此，求职书面语言主要属于表达信息的话语和影响言行的话语，具有如下特征：

1.大量使用陈述句，带有浓厚的陈述色彩

由于求职自荐书主要是向用人单位相关部门负责人或面试官进行自我介绍、自我推荐，主要靠事实说话，即以陈述事实为主。

因此，大多以陈述句为主，而很少使用祈使句、疑问句等句型。

（1）注重以事实说话。事实胜于雄辩。在求职过程中，特别是在求职自荐书中，求职者必须摆事实、讲道理，靠事实说服招聘官，而不能空话、大话、套话、废话连篇，否则，将会招致招聘官生厌和反感。

（2）语言朴实无华。求职自荐书力求朴实无华，尽量少用华丽的词藻，华丽的词藻充其量只能起点缀作用，使其更显谦和逼真，而不是矫揉造作、虚伪，从而使其更有说服力。

（3）大量使用动宾结构语句。在自我介绍中，主要是陈述事实，从各方面向面试官展示自己，推销自己，即"我是谁？我干过什么？我想干什么？我能干什么？"内容决定形式。因而自荐书的内容决定了其大量使用动宾结构语句。

2.一般不使用模糊语言

求职自荐书要令人信服，增强说服力，就必须用精准的数字或事实说话，用较为肯定的语言（气）说话，一般不要使用模糊语言，如"几乎""大概""好像""可能""差不多""几次"等一般不要使用，要用"是""确实""一定"等判断词。否则，将使用人单位招聘官产生疑虑，而影响求职效果。

3.语言礼貌谦和、文雅得体

礼貌谦和是中华民族的传统美德，也是在求职面试过程中博得招聘官好感的语言，比一般公关语言要求更高，符合语用学的礼貌原则。

一方面，大学生求职者要尊重招聘官的身份和地位，另一方面要注意自己的身份和地位，要把自己置于一个合适的位置：①学生；②受过现代高等教育的大学生；③扩招后由于严峻的就业形势，大学生就业已由卖方市场变为买方市场。

大学生求职者在求职应聘过程中应选择合适的语言与招聘官交流。大学生不能在与他人沟通时，用语粗鄙，而是要选择彬彬有礼、文雅得体、知识渊博、流畅优美、时尚，具有时代气息和创新思维的语言。

4.设置重点语句突出重点，凸显层次

由于求职者众多，而时间有限，求职者往往要在十分有限的时间内充分展示自我，因此不能漫无边际，泛泛而谈，而必须抓住重点，突出重点，利用重点语句突出优势，展示自我特色，使招聘官在短时间内产生深刻的印象。

5.较强的针对性和灵活性

由于在求职过程中，求职者的交际对象——面试官各有千秋，应聘的单位和岗位多种多样，从而决定了求职语言具有灵活性、多样性和较强的

针对性，绝不能用一个模式、千篇一律的语言与面试官交流，而要有特点，"到什么山上唱什么歌"。否则，就会产生沟通障碍，从而影响求职效果。如面试官身份不同，要使用不同的称呼语，如×××校长，×××经理。如面试官比较浪漫，喜好文学，你可以适当使用一些文学语言与之交流；如面试官喜欢讲方言，你也可用方言与他交流；如面试官朴实、严谨，则你要用朴实无华的语言，多用事实说话。如应聘教师，则应多展示作为一名教师所应具备的素质，如良好的语言表达能力、一定的课堂组织能力、对教育事业的热爱、对学生的热爱和一定的奉献精神等；如应聘公关人员，则应当展示你良好的口才、良好的人际关系和社交能力、能歌善舞、多才多艺等。因此，求职者在自我介绍、书写求职信、制作个人简历、回答面试官提问时都应根据不同的对象、不同的求职目标来展示自己，要学会使用个性化的语言。

6. 用语开门见山，不绕弯子

由于求职语言是一种特殊的公关语言，一方面其交际目的性、目标性都很强，同时由于应聘者人数众多，因此，无论是自我介绍，还是求职信，要求开门见山，开始就阐明自己的求职目的和求职目标，紧接着围绕自己的目的和目标进行论述，而不能漫无边际，夸夸其谈。

（二）运用语言理论和语言技巧，打造求职自荐书

1. 运用礼貌原则，力求语言谦和有礼

（1）正确使用称呼语。根据不同身份、不同年龄等使用称呼语。如"尊敬的×××校长，您好！""尊敬的×××领导，您好！""尊敬的×××老师，您好！"使用尊称与敬称，力求准确、得体、自然。

（2）巧妙使用礼貌语言和赞美语言。俗话说：良言一句三冬暖，恶语伤人六月寒。适当运用礼貌语言和赞美语言，有如丝丝暖流涌入招聘官的心田，将使其倍感温暖和欣慰，从而取得良好的效果。

（3）从招聘单位和招聘官的需要出发，巧妙组织语言。凡招聘官与应聘单位不需要或不感兴趣的，可不予介绍或尽量少介绍，否则既浪费时间，有时还适得其反。从招聘官和招聘单位的需要出发来推介自己，尽量

满足招聘官和招聘单位的合理需要，是对招聘官和招聘单位的尊重，从而通过使招聘官和招聘单位受益来达到使自己受益的目的。如招聘单位需招聘一名中学教师，则应根据中学教师所应具备的相关素质来介绍与展示自我，包括良好的语言表达能力、沟通能力、课堂组织能力、一定的教学实践（习）经验（包括家教等）、漂亮的粉笔字、良好的板书、优良的专业水平和专业素质、较强的逻辑思维能力和对教师这一职业的热爱与强烈的责任心、敬业精神、良好的心理素质和性格等。

2.运用合作原则，紧扣主题，语言精辟

（1）遵守适量准则——语言精辟，富有哲理和启迪

在求职语言运用中对语料的使用要适量，准确把握语料使用和信息传递的关系。一般情形是语料愈丰富，传递的信息量愈大。但是，由于语料本身是很复杂的，它和信息之间不可能一一对应，如果运用得不好，还会出现相反的情况。语料所含信息量的多少，往往与语料出现的频率成反比的关系。即出现的频率愈高，信息量愈少。为什么在求职自我介绍中说空话、讲套话会引起招聘官反感，就是因为它的信息量为零。"简练"是把握语料使用的唯一标准。同时，在激烈的求职竞争中，往往有很多千军万马过独木桥的现象，常常有几百人甚至几千人去争夺同一个岗位，因此，更应注意语言的精练，要做到言简意赅，重点突出。一般来说自我介绍不应超过3分钟，求职信（自荐书）、简历均不应超过1000字。如使用A4稿纸，求职信与简历一般不要超过一页。在使用求职语言时，要遵守经济适用的原则。切忌重复啰唆，长篇大论，大话、空话、套话、废话连篇，既浪费时间，又令招聘官生厌。

（2）遵守关联准则——紧扣主题

大学生求职自荐书应紧紧围绕一个中心话题（主题）予以展开，即所有相关语言的表达都应根据招聘单位的需要进行展示自我、推销自我。如本人姓名、就读学校、所学专业、在校期间表现（包括任职、获奖等情况）、社会实践情况、本人优点、特长、能力、求职目标等与本人情况密切相关的话题。在求职过程中，必须紧紧围绕上述话题展开，如果脱离上述话题，

如把自我介绍变成学校介绍、专业介绍、足球介绍、时事评论或漫无边际、泛泛而谈等，则会使招聘单位得不到有用的相关信息，严重影响语言表达效果，从而导致求职的失败。

（3）遵守方式准则——清楚明白，用词准确

在大学生求职过程中，用人单位十分注重信息的真实性、可靠性，因此用词必须准确，不能模棱两可、含含糊糊，意思表达要清楚明白，语句要通顺流畅，尽量避免语句不通、晦涩难懂。根据沟通媒介理论，求职语言要实现愉悦沟通，第一要义是必须选择确切的语料。用词必须恰当、准确，不能夸夸其谈，要符合交际双方的身份和当时的语言环境。

3. 运用适度原则，准确把握语言使用的"度"

在交际过程中，存在着各种各样的矛盾，那么交际者的任务就是处理好这些矛盾之间的相互关系，使得它们能够有条件地暂时保持着某种平衡，动态的平衡。在修辞学中有许多条规则，这些规则彼此之间既有一定的联系，也会在某种情况下彼此对立和矛盾，交际者的工作就是协调好这些规则之间的关系，即在各种各样的矛盾中保持一个适当的"度"，任何过头的过火的做法，都必然地会扩大效果的差。只有保持"适度"，才能够把这个差降到最小。所以，交际的艺术，其关键也就是一个保持"适度"的问题。正如哲人所说："真理向前再走半步，就是谬误！"在修辞学中，繁丰过了头，就是堆砌；简洁过了分，就是苟简；平实过分了，就是浅薄；含蓄出了格，就是晦涩；夸张没有节制，就是说瞎话，胡言乱语；整齐过度，就是呆板平淡；变化过了头，就是杂乱无章；比喻的本体和喻体之间的关系，太明显了，缺少新奇感，就没有艺术的魅力，但如果太离奇了，交际对象便无法理解，叫他去猜谜语也就失去了美的情趣。所以，在修辞学中，最重要的事情就是适度，一切的一切都不可以太出格。正如亚里士多德在《修辞学》中所说："不过度的事，是好事；大于限度的事，是坏事。"

大学生求职自荐书一定要遵守"适度原则"，要把握好"度"，才能取得较好的表达效果。如语言表达不卑不亢，有礼有节，既不阿谀奉承、低三下四，又不狂妄自大、目中无人；语言朴实，但不浅薄；语言简洁，

但不苟简；语言流畅优美，但不堆砌，不矫揉造作；思路清晰，层次分明，但不生硬、不呆板。

4.遵守得体性原则

交际活动是社会的人、文化的人、心理的人的一种双向交流活动。交际活动中的各种问题都离不开交际主体，交际效果其实就是文化的、心理的价值评价。因此，修辞学具有强烈的主体色彩。修辞的最高原则只有一条，那就是得体性原则。一切其他的原则都从属于这个原则，都是这个最高原则的派生物。这个最高原则制约和控制着一切其他的原则。

得体性是评价话语好坏的最重要标准，也是决定话语表达效果的最重要的因素。得体性原则，是个人基于社会文化心理的价值评价，对语言材料和语言运用方式的一种主观评价，一种集体的有意识的或者无意识的评价。得体性指的是语言材料对语言环境的适应程度。

语言环境的多层次性决定了得体性的多层次性。得体性可以分为小语境得体性和大语境得体性。小语境得体性是微观得体性，静态得体性；大语境得体性是宏观得体性，动态得体性。

微观得体性指的是语言或话语本身。在语言方面，得体性就是做到搭配之后语意清晰明了。在语义方面，得体性就是做到搭配之后符合逻辑和情理。在语法方面，得体性就是做到搭配之后符合词语的语法功能和习惯。

得体性原则要求在用词造句方面必须与语体的语言特征协调一致。如自荐书主要是陈述事实，传递信息，因此其语体不同于抒情散文，不能过于抒情，不能过多使用华丽的词藻，多用动宾结构，主要靠事实说话。

任何话语都有自己的整体风格。得体性在风格方面的要求，第一是选择最适合的风格，第二是所有的语言材料必须服从这个总体的风格。如自我介绍、自荐书等求职语言的风格是朴实无华，因此，所有与其相关的语言材料必须服从这个朴实无华的风格。

宏观得体性，指的是话语同大语境的关系，也就是对大语境的适应度，即对物理语境、文化语境和心理语境的适应度。与大语境协调一致的就是得体的，反之就是不得体的。与文化氛围协调一致的，就是得体的；不协调、相违背的，就是不得体。

如中国人自古以来都把谦虚视为一种美德，因此，面对中国的招聘官，求职者使用谦虚的语言是得体的，是受招聘官青睐的。但对于一些西方的招聘官而言，如果用语过于谦虚，则会认为你无能，是不得体的。又如，中国的招聘官询问求职者的年龄、家庭、恋爱情况等个人问题，是对求职者的关心，是友好的表现，是得体的。但是对西方人而言，这是对他人隐私权的干涉，是不得体的。

微观得体性是宏观得体性的基础，两者是一致的，但又是有差别的。在交际活动中，既有微观上得体，但宏观上却不得体的；也有微观是不得体，但到了宏观反而得体的。所以对得体性，也要求有辩证的全局的观念，重要的是把握住主要矛盾和矛盾的主要方面。

5.语言表达清晰有效，层次分明，重点突出

（1）有效表达的类型

与他人的沟通可以细分成四种类型：表达观察（经历）、推理、感受和需要。每种类型都需要不同的表达方式，常常不需要截然不同的词汇。

①观察（经历）：观察（包括经历），是科学家、侦探和电视维修员、求职者常用的语言。它是指根据你的感觉告诉你的东西。其中没有思索、推论或推断，一切都是纯粹的事实。

②推理：推理是通过所见所闻得出的推论、结论。推理是你对观察结果的总结，让你明白究竟发生了什么和如何发生的。推理还包括你判定事物好坏等的价值判断。信念、见解和看法都是推论的变化。

③感受：最难沟通的恐怕就是表达自己的感受了。有的人压根不想听你谈感受。因为人们常常害怕情绪化的东西，所以你可能会决定隐藏自己的许多情感。然而，在很大程度上，使你成为独一无二、与众不同的恰恰是因为你有你自己的感受。分享情感是亲密关系的基础。当你让别人了解了什么会令你生气、害怕和高兴时，会出现两个结果：一是他们会更加同情你、理解你；二是能更好地调整他们的行为来满足你的需要。

④需要：除了你自己，无人知道你想要什么。你是研究你自己的最权

威的专家。然而，对于表达自我需求，你却可能怀有强烈的抗拒心理。你常想朋友和家人足够敏感、富有洞察力，知道你需要什么。人们通常假定"如果你爱我，就应该知道我哪儿不对劲"。因为你觉得你主动要求是不好的，所以在表达需求时，你总是在生一通闷气，然后再言归正传。想保持亲密关系却不表达你的需求，就像开车没有方向盘。你可以开得很快，却无法改变方向或绕过坑坑洼洼。如果双方都能清楚而积极地表达自己的需求，关系就会改观、融洽、亲密。

大学生求职面试更是如此。求职者在自我介绍时一定要清楚明白地向面试官表达：我究竟需要什么？我究竟想干什么？如果你不能明白无误地表达你的需要，将令面试官无从取舍。

（2）有效表达的准则

①信息应当直接。有效自我表达的首要条件，是知道什么时候该说什么。这意味着你并非想当然地认为人们了解你的所思或所求。直接沟通要求你抛弃任何想当然。有的人知道什么时候需要沟通，但害怕这样做。相反，他们却试图去暗示，或告诉第三方，希望最终能传到对方耳里。这种拐弯抹角的做法是有风险的。暗示常常会被误解或忽视。

求职者应直截了当地向招聘官提供相关信息，而不要拐弯抹角，过于委婉含蓄，甚至让招聘官去揣测，摸不着头脑，从而影响你的语言表达效果。

②信息应当即时。如果你痛苦或生气，或需要改变什么，延误沟通会恶化你的感受。你的情感或误解可能会郁积在心理，受挫了的需求可能会变成你心里长长的隐痛。你没有及时表达的情绪会在以后以微妙的或暗中联动的方式表达出来。

迅速及时的沟通主要有两个优点：a. 及时反馈增加了人们知道你的需求并进行相应调整其行为的可能性。这是因为在他们的所作所为和结果之间建立了一种明朗的关系。b. 及时沟通增加了亲密感，因为他们分享了你现时的反应。你不会把事情拖三个星期等起了变化以后才说。即时沟通更令人感动，因而有助于巩固你们的关系。

俗话说：机不可失，时不再来。大学生在求职过程中，应及时向招聘官提供相关信息，即时与招聘官进行沟通与交流，从而即时赢得招聘官的理解、信任和好感。

③信息应当清楚。清楚的信息完整而准确地反映你的思想、情感、需要和观察。不能遗漏任何东西，也不用含糊或抽象的话来蒙人。你必须知道自己观察到了什么，以及你有怎样的反应。你在外界的所见所闻很容易与内心的所思所感相混淆。要清楚地表达自我，就要花足够的时间区分这些要素。

a. 保持信息的一致性。大学生在撰写求职自荐书时，要保持信息的前后一致性。

b. 避免双重信息。双重信息就像你同时既踢狗又抚摸狗。当你同时表达了两个互相矛盾的意思，就会产生双重信息。如一名求职者对面试官说："我想到贵单位去搞销售，但又觉得太累了，又怕完不成任务。"

c. 表达需求和感受要清楚。暗示你的感受和需求可能看起来要比把它们清楚地说出来更安全。但结果你会把听者弄糊涂。在求职面试过程中，求职者如果不能清楚地表达自己的需求和感受，使面试官越听越糊涂，则会严重影响求职者的表达效果。

d. 区分所见和所思。你必须把你的所见所闻用你的判断、推测和看法区别开来。

e. 一次只关注一个问题。要紧紧围绕一个话题展开。不要漫无边际、毫无重点。这样会分散招聘官的注意力，也会影响你的表达效果。

④信息应当直率。直率的信息是指说出来的目的与真实的沟通目的是一致的。伪意图和潜意词会破坏亲密关系，因为它们使你处在一个操纵别人而非平等待人的位置。要做到直率，还意味着你要讲出事实真相。要说明你的真实需求和感受。不要用贬低自己的办法来谋取称赞和安慰。说谎会切断你和别人的关系。谎言会阻碍他人对你真实需要和感受的了解。在求职面试过程中，一些求职者为了讨好面试官，为了保护自己、突出自己而撒谎。如本来学习成绩倒数，却谎称自己成绩优秀，排名前20等，结果只能是偷鸡不成蚀把米。

⑤信息应当具有激励性。具有激励性是指能激发对方的兴趣或好奇

心，使对方能津津有味地读下去。因此，在大学生求职过程中，求职者应表达那些招聘官比较感兴趣的信息，激发其浓厚的兴趣和好奇心，增强表达效果。

（3）把握自荐书的层次，突出重点

袒露使亲近成为可能。不想袒露自己就想套近乎，好比想用一根牙签打出一个本垒打，这是绝对办不到的。

①第一层次：自我袒露（介绍）并不表示你必须透露你内心深处的需要和秘密。自我袒露（介绍）有三个层次。第一层次是纯粹资料性的：描述你在校期间的情况、描述你的实习和社会实践情况、描述你难忘的经历等。

②第二层次：进一步深入接触，你会转向自我袒露（介绍）的第二层次。这一亲密性的层次包含思想、情感、需要等，但只涉及过去或将来。这一层次的典型陈述可能包括：

a. 你所持有的信念或主张。

b. 你对未来的希望。

c. 一般的偏好和兴趣等。

你所透露的有关你自己的每一件事，都会给你们的关系平添额外的趣味。对方会因走进你的个人世界而感到受宠若惊，你俩都会感受到这种逐渐深入的交往所带来的兴奋。当你描述自己的希望和恐惧、爱好与信念时，你变成了一个有血有肉、与众不同的个体，而不是一个虚幻的人。

③第三层次：自我袒露（介绍）的第三层次涉及你对谈话对象的感受。

a. 说出对方（招聘单位）什么地方吸引你。

b. 说出你如何被对方（招聘单位、招聘官）所感染、所吸引。

c. 表达你对这次（面试）邂逅的期望。

d. 说出你对对方回答的看法。

达到这种亲密性最深层次的关键是：说出你此时此刻的感受。在把握好表达层次的同时，还要注意突出重点，主次分明。重点问题，重点表达，加重语言表达的分量，如能力、特长等。

6. 组织最恰当的语句，激活沟通

沟通媒介理论告诉我们：语言媒介（特别是"语句"）在沟通过程中的"沟通"作用受语言结构和功能的制约。如："请给我水"，这是祈使句结构，其功能是表示一种"请求"，而"为什么不给我水"，这就成了疑问句的结构，表示的是一种"不满和命令"。可见，同样表达"给我水"这一意愿，运用不同的语句结构，其表达的功能是不一样的。而不同的功能是传达不同的"信息"的，从而也就影响了相互之间的沟通状态。在这一例子中，祈使语句表达出的沟通状态友好，他们之间的沟通可能会继续。而后者使用的疑问语句，其沟通状态是紧张。因而，他们之间的沟通自然就受到障碍，甚至有可能终止。

二、大学生心理资本、职业决策自我效能感与职业生涯规划

（一）心理资本、职业决策自我效能感和职业生涯规划的相关研究

1. 心理资本与职业决策自我效能感的相关研究

心理资本与职业决策自我效能感息息相关，张轩辉、余红娥研究发现心理资本与职业决策自我效能感存在显著正相关，且心理资本与职业决策自我效能感之间，前者对后者有积极预测作用。[①]田娟等人发现基于心理资本理论的职业规划团体辅导能有效地提高大学生的职业决策自我效能感。[②]

罗小漫、邵明星以高职生为研究对象，研究发现心理资本与高职生职业决策效能感及各维度均呈显著正相关。[③]周紫婷研究发现大学生职业决

① 张轩辉，余红娥. 大学生职业决策自我效能感与心理资本的关系研究 [J]. 山东农业工程学院学报，2016，33（8）：73-74.

② 田娟，田雪芹，曾祥岚. 心理资本视角下大学生职业决策自我效能感的干预研究 [J]. 学周刊，2014（7）：18-19.

③ 罗小漫，邵明星. 无聊倾向性、心理资本对高职生职业决策自我效能感的影响 [J]. 职教通讯，2016（34）：21-25.

策自我效能受心理资本水平的影响，心理资本及其各个维度和职业决策自我效能呈显著正相关。[①]

段修云、徐明津研究发现心理资本在社会支持与职业决策效能感间起完全中介作用，积极心理资本与职业决策自我效能感成正相关，积极心理资本越丰富大学生的职业决策自我效能感水平越高。[②]

2. 心理资本与职业生涯规划的相关研究

任晶晶认为心理资本缺失是大学生职业生涯规划实现的主要阻碍。大学生心理资本与其职业生涯规划能力之间联系密切，二者互为促进。[③] 林玛、杨元果也认为大学生良好的职业生涯规划需要依靠自身内在积极的心理活动才能实现。[④]

李欣等研究发现大学生的心理资本和职业决策自我效能能显著负向预测其学习倦怠，职业决策效能与积极心理资本有显著相关。[⑤] 王志贤研究发现在职业生涯规划教育中加强心理资本培育，有利于职业规划更有效可操作。通过研究大学生心理资本、自我领导与职业生涯规划之间的关系，发现总体水平较高，且心理资本在自我领导和职业生涯规划中起中介作用，提高心理资本水平可增强大学生职业生涯规划水平。[⑥]

当前众多国内研究开始关注积极心理学和心理资本视角下的大学生职业生涯规划教育，车琨提出构建职业生涯规划与心理辅导有机结合的就

---

① 周紫婷. 大学生心理资本与职业决策自我效能的关系 [J]. 中国健康心理学杂志，2014，22（12）：1819-1822.

② 段修云，徐明津. 大学生的社会支持心理资本和职业决策自我效能感的关系 [J]. 校园心理，2017，15（5）：358-361.

③ 任晶晶. 大学生职业规划与发展过程中的心理资本提升 [J]. 科技创业月刊，2013，26（6）：120-122.

④ 林玛，杨元果. 职业生涯规划教育的四大问题及其对策 [J]. 赤子（上中旬），2014（16）：83.

⑤ 李欣，林思敏，曾拓，等. 大学生的心理资本职业决策自我效能与其学习倦怠的关系 [J]. 嘉应学院学报（哲学社会科学），2014，32（12）：89-93.

⑥ 王志贤. 大学生职业生涯规划教育中的心理资本培育研究 [J]. 中国成人教育，2015（21）：63-64.

业指导制度，但相关实证研究不多。李佩然研究发现心理资本能增进大学生的信心、希望、乐观、毅力以及积极的情感体验，有利于促进职业生涯规划的健康发展。[①]

3. 职业决策自我效能感与职业生涯规划的相关研究

邵霞琳指出职业生涯规划对大学生后期发展的重要影响，发现职业决策自我效能感在主动性人格对职业生涯探索的影响中起中介作用，对职业探索不理想的大学生进行干预时，可以从职业决策自我效能感的各方面着手培养其自信心。[②]周炎根研究发现大学生职业决策效能与职业生涯规划有显著正相关，职业决策自我效能是影响大学生职业生涯规划的重要因素。[③]程婧楠、刘毅、梁三才研究发现职业决策自我效能感和职业探索之间存在正相关。[④]

（二）对策建议

虽然随着大学生综合素质的提高，大学生的职业规划水平总体在不断提高，大学生对自己的生涯发展所持的态度也越来越积极，但是其在制定具体的生涯计划方面的能力略显不足，如制定关于未来 3 ～ 5 年内的生涯计划，在制定计划方面比较盲目，就会导致出现知道自己的目标却不知道自己要干什么的局面，所以大学生的总体职业生涯规划能力还有待提高。具体可从以下几个方面入手：

（1）教师对大学生的职业生涯规划指导全程化，并多提供实践或者模拟训练。当代大学生就业难不仅是因为就业制度不完善，人口数量和职

[①] 李佩然. 培育心理资本促进大学生职业生涯规划研究 [J]. 沧州师范学院学报，2018（1）：60-62.

[②] 邵霞琳. 大学生职业生涯规划、职业价值观和职业决策自我效能感的关系研究 [J]. 神州旬刊，2015（10）.

[③] 周炎根. 大学生职业决策自我效能与职业生涯规划的关系研究 [J]. 教育与职业，2012（6）：91-93.

[④] 程婧楠，刘毅，梁三才. 大学生生涯适应力与职业探索：职业使命感和职业决策自我效能感的中介作用 [J]. 中国健康心理学杂志，2017，25（2）：237-240.

位数量不匹配，人口质量与社会所需不匹配等多方原因，最重要的是大学里的"'围城'现象——职业生涯规划教育的缺失"。加大建设全程化的职业生涯规划教育，指导学生确立目标，建立个人规划档案，并提供模拟训练，如学校提供志愿者服务、校园创业、社会实践调查等活动，从实践中会获得更多经验，完善个人档案，发现不足，及时调整未来发展方向，逐步实现个人职业生涯规划。

（2）提高心理资本水平，开展心理资本团体干预活动。通过小组游戏释放自己，敞开心扉，获得主观积极体验，研究表明团体心理干预活动能有效提高大学生的心理资本水平。大学生更充分地认识自己、了解自己，清楚自己的长处与劣势，有利于心理资本的积累，在团队活动中更好地释放和控制情绪，更有利于锻炼自己的抗压能力，为以后有效缓解职业压力奠定基础，也为做好适合自己的职业生涯规划做准备。另外，据相关研究，还有一些潜在的心理资本，如创造力、主观幸福感、沉浸体验、感恩与宽恕、真实性与勇气等，也都是未来大学教育应该重点关注的方面，创造力等方面的提高均可辅助大学生做出适当的职业生涯规划。

（3）提高大学生的职业决策自我效能感，重视培养大学生积极的归因方式。开展学科专业竞赛创业活动等，使学生结合专长在自己擅长的领域发挥作用，体验成功，在体验成功的过程中获得积极归因。大学生对自己的角色定位越明确，对自己能力越认可，其职业发展就会越有信心，职业决策自我效能感会相对提升，职业生涯规划定位就越准确。

（4）高校应更新职业生涯教育观念，帮助学生树立正确的职业价值观。在校学生接触社会少，缺乏相对的社会经验，高校管理者应从实际出发，在学生个人的职业探索道路上予以及时正确的指导，帮助鼓励大学生从多渠道收集职业信息，了解未来职业发展趋势，鼓励大学生努力充实自己的专业知识和专业技能。同时，帮助大学生认清自己的职业意向，找到自己的职业定位，以便更好地做出职业规划。

（5）高校应制定反馈系统，注意大学生心理资本、职业决策自我效能感水平的走向。因为事物都在不断地变化发展中，大学生的心理资本和职业决策自我效能感水平也在不断地变化发展中，学校通过定期检测或收发问卷等方式及时了解学生动态，在调查的基础上再进行有针对性的职业生涯规划指导训练，并适时反馈评估结果，确保大学生能及时有效地做出具体可实施的职业生涯计划。

（6）努力开发大学生生涯发展课程，以生涯辅导为手段，以大学生的心理资本与职业决策自我效能感为依据。将培养目的从解决当前学生就业问题转到关注学生以后更长远的发展，提高大学生的心理健康水平与心里适应能力，培养适应社会需求的高素质大学生。

第三节　大学生职业生涯规划的实践与完善

一、增强大学生对职业生涯规划的意识

（一）大学生要加强职业生涯规划意识

我们的社会正处于一个变革的时代，竞争无处不在，要想在竞争中保持优势，就要提前规划好自己的职业生涯。明确自己的优势及劣势，树立明确的发展目标。对于大学生而言，要想做好职业规划，首先要了解自己的能力、性格以及兴趣爱好，了解当前相关的就业信息、政策，多参加社会实践活动，借助网络以及专业人士的帮助，分析自己所适合的职业，都有利于大学生自觉加强职业规划的意识。

"职业生涯发展理论"对解决当前大学生就业问题具有切实的社会参照意义，该理论把整个职业生涯划分为各个不同的阶段，把个人潜在的职业追求、职业理想、职业发展综合起来看作一个不断变化发展的过程。经历幻想期、尝试期、现实期三个重要阶段，从整体上来讲是大学生职业生涯的一个不断发展的必然过程。

大学生之所以要进行职业生涯的规划，主要是为了毕业之后能找到满

意的职业，实现自己的人生抱负，满足自我发展的需要。职业生涯规划不是一个短期的过程，而是贯穿整个职业生涯的一个持续的过程。大学生从踏入大学之日起，就要做好准备，一年级要对自己做个客观的评价，了解自己的兴趣爱好、性格特点以及自身所拥有的优势；二年级，借助网络或其他途径，对各类型的职业有大致的了解，找出自己适合的职业；三年级针对自己想从事的职业，提高相关的职业素养，补充相关的知识技能，为未来的工作做好准备；四年级的时候，要逐渐完成从学生到职业者的转变。在大学的生活中，大学生应该主动地增强职业规划的意识，充分发挥自己的主观能动性，分阶段、分步骤地逐步确立自己的职业发展方向，要通过社会实践活动，把自己的能力素养、性格特点与社会对职业的需求相结合，不断检验和完善自己的职业生涯规划。

（二）高校要随着社会发展不断完善职业生涯教育

高校在大学生的职业生涯规划中起着至关重要的作用，有责任也有义务对大学生的职业生涯规划进行正确的引导。作为高校，首先必须要从思想上意识到职业生涯规划对学生的重要性，进而通过开展职业生涯规划竞赛、职业生涯规划讲座、为学生聘请职业生涯规划老师等形式进行宣传活动。既要鼓励学生对自己的职业生涯做出设计，又要强调职业生涯规划老师对学生的指导。其次，要建立专业的就业指导团队，提高辅导员的就业指导的专业化程度，加强院系领导对学生职业规划的重视及配合。对辅导员及就业指导办的老师进行专业培训，提高他们在职业规划方面的知识素养，鼓励他们对大学生进行职业生涯规划指导，同时，以职业规划理论为基础，做好大学生的就业指导工作，引导大学生树立正确的择业观，努力克服就业的种种误区，引导大学生树立服务基层、服务西部、到祖国最需要的地方的择业观念，更好地开展毕业生的就业工作。

高校作为大学生从学生过渡到职业者的重要基地，应该设置相对完善的职业生涯规划课程。目前，各高校普遍重视对在校大学生的职业生涯规划的教育工作，如何设置好职业生涯规划课程是各高校重点考虑的一个问题。通过职业生涯规划的课程，通过高质量的辅导让大学生接受系统的职业生涯规划教育，从而明白什么是职业生涯，如何去规划自己的职业生涯，最终帮助大学生制定出科学的职业生涯规划。

在这个信息高度发达的时代，高校应该借助网络的力量加强对大学生的职业生涯规划的指导工作。高校可以引进职业规划测评软件，通过校园网，免费为大学生进行测评，让广大学生了解自己的能力素养、性格爱好、职业倾向。同时，利用网络课堂对大学生进行职前教育引导，对学生进行职业能力培训，强化职业生涯规划的指导。此外，高校应积极邀请相关的成功人士和专业的职业规划师来校举办职业生涯规划的讲座，对大学生的职业生涯规划提供现场的咨询与辅导。

（三）营造大学生职业生涯规划的良好的社会环境

大学生制定科学的职业生涯规划，仅仅依靠高校及自己的努力是远远不够的，整个社会要为大学生的职业生涯规划营造一个良好的社会环境。没有一个良好的社会环境做基础，职业生涯规划往往会举步维艰。社会舆论在营造良好的社会环境中扮演着非常重要的作用，因此应充分发挥社会舆论的积极作用，做好对职业生涯规划重要意义的宣传工作。在引导在校大学生制定科学职业规划的同时，引导在职人员对自己的职业生涯做出规划。

美国学者施恩的"职业锚理论"将职业选择的中心由"个人能力、个人动机和个人价值"三者结合，也是自我意向实现的一个渐进过程。在职业生涯的实践过程中，随着个人工作的不断深入与积累，现实与理想之间的差距不断缩小，在职业锚的周围寻求着自我价值的最大现实化。

而职业规划相关的专家学者也应该进行相关的理论研究，与时俱进，为大学生职业生涯规划提供新的方法和途径，为科学地制定职业生涯规划打下坚实的理论基础。总之，全社会应该通力合作，为大学生提供能够科学的规划自己的职业生涯，实现自己的人生抱负，进而为社会贡献自己的力量的职业生涯规划。

二、完善大学生职业生涯规划的方法

（一）根据个人特质规划自己的职业生涯

霍兰德教授提出的"人格类型论"认为，职业选择更多的是由所处的工作环境以及对工作的兴趣和自我认同所决定的。霍兰德教授把不同人格类型与他们选择的职业相互关联，从就业者的内在因素探讨了职业规划的又一层面。[①]

"尺有所短，寸有所长"，大学生在进行职业规划时，要充分考虑将自己的个人能力与兴趣爱好结合起来，把职业生涯规划与自己的性格特质、能力素养结合起来，发挥自己的优势，为以后的发展做好充分的铺垫。职业生涯和能力特长以及兴趣的关系，一言以蔽之："兴趣是个体积极探究事物的认识倾向，这种倾向具有稳定、主动、持久等特征。"在日常工作中会发现，如果我们对某一项工作充满兴趣，即便是这项工作本身枯燥无味，我们也会以积极的姿态、高昂的热情投入到工作中去，并最终能取得好的成绩；反之，如果我们不能把自己的精力投入到工作中，而且潜意识里对工作有抵触，这种状况下，我们很难做出成绩。研究表明，一个人对自己的职业感兴趣，就能最大限度地激发全部潜能，并能长时间保持高效率而不感到疲惫。如果对所从事的职业不感兴趣，则会从潜意识中抵制工作，只能发挥一小部分才能，而且容易感到疲惫。兴趣和成功成正比，对某一职业的兴趣越高，取得成功的概率就越大，反之，成功概率则越小。因此，大学生在制定自己的职业生涯规划时，要充分考虑自己的职业兴趣，重视自己的职业兴趣，选择自己喜欢的职业。兴趣是最好的老师，能调动我们的积极性，引领我们取得成功。

大学生在制定自己的职业生涯规划时，要尽量依据自己所学习的专业。每个大学生在学习阶段都会对自己的专业做深入的研究，熟练掌握该领域的知识和技能，明确该专业的培养目标和择业的方向。用人单位一般

---

① 戚晶. 基于人格类型论的学生职业核心能力培养研究 [J]. 机械职业教育，2013（12）：47-49.

会选择对口专业的毕业生，这就要求大学生在填报志愿时要依据自身兴趣和规划选择适合自己的专业。如果我们的职业规划脱离了我们所熟悉的专业，就会消耗更多的时间和精力去适应新的职业，同时也造成了人力资源的浪费，妨碍自身价值的实现。大学生在学习专业知识的时候，不仅要注意深度，更要注意广度。在具备了扎实的专业基础和精深的专业知识的同时，要不断拓宽知识面，打破专业的界限，了解与本专业交叉的其他方面的知识，以适应一专多才的职业趋势的需要。专业知识固然重要，而个人能力也是我们职业生涯规划所要考虑的重要因素。

个人能力是个体在工作和生活中所表现出来的个性特质，是我们处理问题所倚重的特质。不同的职业对个人能力的要求不同，但无论是什么职业都要求我们具备一定的个人能力。个人能力是我们事业成功的重要因素，也是我们找到合适职业的先决条件，更是我们战胜对手，成功获得工作机会的决定性因素。高学历并不代表高能力，学历是后天学习获得的，而能力则是先天所得及后天实践中所逐渐具备的。大学生切不可把学历等同于能力。因此，大学生在制定职业生涯规划时，要正确认识、评价自我的能力，根据自己的学识和个人能力做出科学的职业生涯规划。

（二）积极开展社会实践了解职业需求

社会在不断地进步，经济全球化的进程在不断加快，经济形势瞬息万变，随着旧行业的消亡和新行业的诞生，各行各业对职业人员的要求也在不断地变化。面对当今社会这种复杂多变的状况，大学生在制定职业生涯规划时，要以社会的需求为出发点和落脚点，着眼于未来，结合自己所学习研究的专业，走出校门，有针对性地参加社会实践活动，了解社会对人才的需求状况。在初步考察市场需求的基础上，选择自己的职业路线，进而制定科学的职业目标，并在社会实践中不断改进自己的不足，提高职业素养，培养适应社会环境的能力，提高自身的综合素质，为自己以后的职业道路做好充足的准备。

（三）通过高校、企业"1+N"模式拓展学生就业渠道

高校在为学生提供教学与实践的基础上，要不断发挥其为高校师生服务的职能，吸取社会力量，充分发挥社会市场的资源配置能力。具体做法是：一方面高校要与市场结合，培育出一批适应社会经济发展的人才资源，为国民经济的发展提供充足的支撑。另一方面，高校要与企业单位协作，与专业技能培训、管理实践等方面相结合，双方通过战略性合作，实现校企联合办学。在此需要说明的是，这种联合办学并不是指高校和企业简单地通过经济利益相关联，而是在科技交流、管理知识的培训等方面实现合作，从而既可以保证高校的学术科研能力又可以促进高校大学生就业渠道的通畅。

三、提高大学生职业生涯规划指导队伍的专业化水平

（一）提升高校职业指导老师的专业化素养

有效而科学的大学生职业生涯规划需要专门的职业生涯规划人员和机构的指导，有效的专业化就业指导能给大学生带来更加光明的就业前景。提高大学生职业生涯规划的指导队伍的专业化水平是制定科学有效的职业生涯规划的基础。所以，各高校应该完善职业指导队伍，提高职业指导人员的专业化水准。《教育部关于进一步加强普通高校毕业生就业指导服务机构及队伍建设的几点意见》的通知中指出："高校必须建立并健全毕业生就业指导服务机构，在办公条件、人员等方面给予充分保证。提高就业指导教师队伍的整体业务素质，把就业指导队伍建设摆到整个高校师资队伍建设的重要位置，努力提高就业指导队伍的专业化和职业化水平。"对于职业生涯规划的指导需要很强的专业性，所以，做好大学生职业生涯规划的指导工作能反映出一所高校的教育水平和师资力量，需要一支高层次、高水准的专业指导队伍。一支专家级、科学化、专业化的职业生涯规划指导队伍才能成为大学生的择业导师，拥有专业队伍，才能保证大学生职业生涯规划的顺利开展，才能帮助大学生制定出科学合理的职业生涯规划，最终找到适合自己的职业，实现自我的人生价值。

（二）逐步培养大学生的自我发展目标

加强高校学生职业生涯规划工作除了要不断增强从事有关学生职业规划的老师的职业素养，提升其应对市场变化和职业发展的敏感性外，还要通过各种途径逐步培养高校大学生的自我发展目标。经过调查研究发现，目前部分学生进入高校后，依然有相当数量的大学生并没有明确的发展目标，对未来的职业一片迷茫，急需专业的职业生涯规划人员进行职业规划指导。然而，许多高校依然没有成立专门的指导机构，更没有专业的职业生涯规划老师，大多数高校的职业生涯指导工作由就业指导中心的老师兼任。这些老师往往缺乏专业的理论知识，再加上数以千计的大学生的职业规划是个巨大的工程，需要众多的专业人才，仅仅依靠就业办和辅导员还远远不够。专业人才的缺失，使得学校的职业生涯规划工作停留在应付表面，根本无法为学生的职业生涯规划提供有效的指导。从这个层面来看，加强高校学生的就业指导工作不能单纯地依靠某一方面力量，高校要有明确的指引和专业化的培养模式，而学生个体也需要有较为明确的发展目标。在培养高校学生职业发展目标时，需要通过大量的社会实践和不同行业的从业人员的宣讲来协助高校学生不断接受社会的新鲜事物，逐步从学生角色转换成为一个社会职业角色。通过角色的转变和定位帮助高校大学生树立其发展目标，从而有利于其在学习期间对专业能力的培养。

（三）以专业化指导带动高质量职业规划的循环式管理

以专业化指导带动高质量职业规划主要是指高校职业规划指导老师拥有较专业化的职业素养，并且学生也有着较为明晰的职业发展目标时，就可以实现高校高质量的职业规划。高校应该培养专业的职业生涯规划指导人员，可以对辅导员及主管学生工作的团委老师进行专业的培训，同时也可以聘请专业的职业生涯规划师来校讲学，提供现场指导，还可以聘请职业经理人作为兼职的职业生涯规划老师，对在校大学生进行指导。只有提高职业生涯规划队伍的专业水平，才能为广大学生的职业生涯规划工作的有效开展提供保证，进而提高大学生职业生涯规划的有效性、科学性。从事大学生职业生涯规划指导的教师，一方面要通过提高职业生涯规划课程的授课质量，帮助学生了解自我，了解外部职业世界，确定切合实际的职业生涯目标；另一方面要通过职业测评和职业咨询服务，帮助学生解决职业生涯规划中的难题，同时结合职业世界不断变化的各种内容对学生进行集中讲座辅导，以满足学生日益增长的职业规划需要。采取职业规划师和兼职规划师相结合的制度，才能保障高校有足够的职业生涯规划指导人员，为学生的职业生涯规划提供科学有效的指导。

四、搭建全国性的职业生涯规划网络平台

目前，国内还没有比较成熟的职业生涯规划网络平台，国外相对比较成熟的是德国的"慕尼黑就业模式"，把就业市场与大学教育相连接。其主要特点是：第一，搭建一条贯穿大学—企业—政府的全方位合作系统；第二，在高校设立就业市场学院，专门负责培训学生专业知识以外的求职能力；第三，企业界常年为大学毕业生提供社会实践岗位，并且负责对学生进行岗位培训与考核。

通过借鉴德国的成功经验，我国也可以建立一个政府主导，社会广泛参与的职业生涯规划网络服务平台，这个平台可以为大学生职业生涯规划提供以下帮助：

（一）对大学生进行远程辅导

目前，我国从事职业生涯规划的专业人才相对紧缺，各高校的职业生涯规划的专业指导队伍还处于起步阶段，远远不能满足数以千计的大学生的需要，网络平台的出现可以使得每一个需要辅导的大学生都能得到专业人员的指导，缓解高校的指导压力的同时也提高了指导的效率。借助网络平台进行远程辅导在高校管理中已经不是什么新鲜事了，但将其运用到高校职业生涯规划中的案例还并不是很多。通过远程辅导我们可以使高校与学生之间实现零距离的接触，可极大提高工作效率。远程辅导工作中高校相关部门可通过对时间节点的有效控制实现其优质的学生职业生涯规划服务。例如在每年的5—6月份和10—11月份，高校大学生就业高峰期时，高校学生职业生涯规划部门可以采用7×24小时的在线服务，不过这种服

务方式要依据高校的具体资源安排而定。

（二）对大学生进行在线测评

这就需要开发职业测评软件，研发需要考虑我国的国情及教育体制，同时要兼顾在职人员，使他们也能通过在线测评，合理规划自己的职业生涯。这里所说的在线测评主要是通过技术软件手段对高校大学生的职业生涯规划作出判断，通过一些定性或定量化的指标选取与考核对在校大学生提供一种职业能力认证服务，从而有针对性地对其今后的职业生涯规划方案做出调整，增强其就业竞争力。另一方面，我们可以利用这种测评软件实现对已经毕业的学生进行跟踪式的职业生涯规划服务。例如已经毕业的学生在职业规划中出现问题后，可以通过求助高校学生职业规划部门的老师，通过在线测评等手段为其进行职业发展的再定位，并对其今后的发展提供必要的指导性工作，从而提升高校的毕业生工作质量。

（三）收集和处理就业信息

每年的毕业生都会为了工作而穿梭于不同的招聘会，浪费时间和金钱的同时，也错过了很多适合自己的工作岗位。信息的不对称性给毕业生和用人单位带来了很多麻烦。网络平台的建立，可以汇总全国的就业信息，使毕业生和用人单位能在短时间内找到合适的工作和人才，从大的层面形成全国联动，有利于高校工作效率的提高。在这一过程中，我们要注意到信息的收集渠道拓展工作，要从质和量两个方面来考虑其信息收集的准确性和有效性。甄别出一些虚假信息，从而降低高校大学生的就业风险。另外，在信息处理的环节，要依据信息关键词对信息进行分类，而这种信息的分类标准则主要依据高校的学科设置和高校毕业生的求职意向来定。通过这种归类处理使得毕业生可以准确有效地接收到合适的信息，从而为职业判断提供辅助支持，大大提升了高校学生职业生涯规划工作的效率和可信度，也为高校未来的大发展提供了良好的积淀。

参考文献

[1] 黄敬宝.就业能力与大学生就业——人力资本理论的视角 [M].北京：经济管理出版社，2008.

[2] 刘益民.职业生涯：理论与实践探索 [M].北京：北京航空航天大学出版社，2020.

[3] 邱菀华.管理决策与应用熵学 [M].北京：机械工业出版社，2002.

[4] 申永东.大学生就业指导教程 [M].广州：华南理工大学出版社，2007.

[5] 孙健敏.人力资源管理 [M].北京：高等教育出版社，2004.

[6] 王惠文.偏最小二乘回归方法及其应用 [M].北京：国防工业出版社，1999.

[7] 张文贤.人力资本 [M].成都：四川人民出版社，2008.

[8] 赵宏斌.人力资本投资风险 [M].上海：上海交通大学出版社，2007.

[9] 程婧楠，刘毅，梁三才.大学生生涯适应力与职业探索：职业使命感和职业决策自我效能感的中介作用 [J].中国健康心理学杂志，2017，25（2）.

[10] 段修云，徐明津.大学生的社会支持心理资本和职业决策自我效能感的关系 [J].校园心理，2017，15（5）.

[11] 高原平.如何培养当代大学生的社会责任感 [J].中外企业家，2009（3）.

[12] 李佩然.培育心理资本促进大学生职业生涯规划研究 [J].沧州师范学院学报，2018（1）.

[13] 李欣，林思敏，曾拓，等.大学生的心理资本职业决策自我效能与其学习倦怠的关系 [J].嘉应学院学报（哲学社会科学），2014，32（12）.

[14] 林玛，杨元果.职业生涯规划教育的四大问题及其对策 [J].赤子（上中旬），2014（16）.

[15] 楼红平. 人力资本视角下的高等教育投资及其风险防范分析 [J]. 现代商业，2007（16）.

[16] 罗小漫，邵明星. 无聊倾向性、心理资本对高职生职业决策自我效能感的影响 [J]. 职教通讯，2016（34）.

[17] 彭银春，张卫宇. 论思想状态、健康资本与大学生人力资本投资收益之关系 [J]. 中国校外教育（理论），2007（10）.

[18] 戚晶. 基于人格类型论的学生职业核心能力培养研究 [J]. 机械职业教育，2013（12）.

[19] 任晶晶. 大学生职业规划与发展过程中的心理资本提升 [J]. 科技创业月刊，2013，26（6）.

[20] 田娟，田雪芹，曾祥岚. 心理资本视角下大学生职业决策自我效能感的干预研究 [J]. 学周刊，2014（7）.

[21] 王志贤. 大学生职业生涯规划教育中的心理资本培育研究 [J]. 中国成人教育，2015（21）.

[22] 吴克明，朱慧丽. 大学生就业难对个人人力资本投资的影响 [J]. 湖南师范大学教育科学学报，2004（7）.

[23] 徐鸣. 论人力资本的要素结构及其特性 [J]. 江西财经大学学报，2010,72（6）.

[24] 薛利锋. 大学生择业心理与择业价值观教育 [J]. 东北师大学报（哲学社会科学版），2010，243（1）.

[25] 薛琴，胡美娟. 大学生人力资本投资风险及其规避 [J]. 南京工程学院学报（社会科学版），2006（9）.

[26] 张轩辉，余红娥. 大学生职业决策自我效能感与心理资本的关系研究 [J]. 山东农业工程学院学报，2016，33（8）.

[27] 周炎根. 大学生职业决策自我效能与职业生涯规划的关系研究 [J]. 教育与职业，2012（6）

[28] 周紫婷. 大学生心理资本与职业决策自我效能的关系 [J]. 中国健康心理学杂志，2014，22（12）.

[29] 周锐航. 新时代视域下大学生职业规划中创新创业能力培养探究 [J].

产业创新研究，2021（15）.

[30] 杜艳卿 . 双创背景下高职院校大学生职业规划体系构建研究 [J]. 湖北开放职业学院学报，2021（2）.

[31] 高帆 . 新形势下大学生职业生涯规划与就业创业探讨 [J]. 就业与保障，2020（15）.

[32] 王美霞 . 基于社会适应能力视角下的大学生职业规划研究 [J]. 当代教育实践与教学研究，2020（9）.

[33] 屈茹 . 试论当代大学生职业规划与人生价值观体现 [J]. 中外企业家，2020（13）.

[34] 郭梦蝶 . 大学生职业规划与就业指导的定位及策略 [J]. 人才资源开发，2020（6）.

[35] 窦凯 . 大学生职业规划意识的强化及价值探讨 [J]. 教育现代化，2019（89）.